SERENIDADE

SERENIDADE
VOCÊ SABE O QUE ESTÁ IMPEDINDO A SUA FELICIDADE?

Jane Nelsen

Tradução de Bete P. Rodrigues e Ruymara Teixeira

Título original em inglês: *Understanding Serenity – What thoughts are you giving up your happiness for?*
Copyright © 2006 Jane Nelsen. Todos os direitos reservados.
Publicado mediante acordo com a Empowering People, Inc.

Produção editorial: Retroflexo Serviços Editoriais
Tradução: **Bete P. Rodrigues**
Treinadora certificada em Disciplina Positiva para pais e profissionais pela Positive Discipline Association. Mestre em Linguística Aplicada (LAEL-PUC/SP). Escritora, palestrante e consultora para pais, escolas e empresas. Professora da COGEAE-PUC/SP e Coordenadora da Pós-Graduação Integral em Educação Parental
Ruymara Teixeira
Graduada em Letras Português e Inglês pelas Faculdades Oswaldo Cruz. Responsável pela formação e desenvolvimento de professores e coordenadores em uma rede de ensino de idiomas e um sistema bilíngue. Certificada em Disciplina Positiva para pais, Disciplina Positiva na sala de aula e Empowering People in the Workplace pela Positive Discipline Association
Revisão de tradução e revisão de prova: Depto. editorial da Editora Manole
Projeto gráfico: Depto. editorial da Editora Manole
Diagramação: Elisabeth Miyuki Fucuda
Ilustrações: Chuck Vadun
Capa: Ricardo Yoshiaki Nitta Rodrigues
Imagem da capa: freepik.com

CIP-BRASIL. CATALOGAÇÃO NA PUBLICAÇÃO
SINDICATO NACIONAL DOS EDITORES DE LIVROS, RJ

N348s

Nelsen, Jane
Serenidade : você sabe o que está impedindo a sua felicidade? / Jane Nelsen ; tradução Bete P. Rodrigues, Ruymara Teixeira. - 1. ed. - Santana de Parnaíba [SP] : Manole, 2024.

Tradução de: Understanding serenity : what thoughts are you giving up your happiness for?
ISBN 9788520465615

1. Felicidade. 2. Relações interpessoais. 3. Estresse (Psicologia) - Prevenção. I. Rodrigues, Bete P. II. Teixeira, Ruymara. III. Título.

23-86827 CDD: 152.42
CDU: 159.942

Gabriela Faray Ferreira Lopes - Bibliotecária - CRB-7/6643

Todos os direitos reservados.
Nenhuma parte desta obra poderá ser reproduzida, por qualquer processo, sem a permissão expressa dos editores.
É proibida a reprodução por fotocópia.

A Editora Manole é filiada à ABDR – Associação Brasileira de Direitos Reprográficos.

Edição brasileira – 2024

Direitos em língua portuguesa adquiridos pela:
Editora Manole Ltda.
Alameda América, 876
Tamboré – Santana de Parnaíba – SP – Brasil
CEP: 06543-315
Fone: (11) 4196-6000
www.manole.com.br | https://atendimento.manole.com.br/

Impresso no Brasil
Printed in Brazil

Aos meus sete filhos, Teryl, Jim, Ken, Brad, Lisa, Mark e Mary
Eu me sinto muito abençoada por ter vocês em minha vida.

Durante o processo de edição desta obra, foram tomados todos os cuidados para assegurar a publicação de informações técnicas, precisas e atualizadas conforme lei, normas e regras de órgãos de classe aplicáveis à matéria, incluindo códigos de ética, bem como sobre práticas geralmente aceitas pela comunidade acadêmica e/ou técnica, segundo a experiência do autor da obra, pesquisa científica e dados existentes até a data da publicação. As linhas de pesquisa ou de argumentação do autor, assim como suas opiniões, não são necessariamente as da Editora, de modo que esta não pode ser responsabilizada por quaisquer erros ou omissões desta obra que sirvam de apoio à prática profissional do leitor.

Do mesmo modo, foram empregados todos os esforços para garantir a proteção dos direitos de autor envolvidos na obra, inclusive quanto às obras de terceiros, imagens e ilustrações aqui reproduzidas. Caso algum autor se sinta prejudicado, favor entrar em contato com a Editora.

Finalmente, cabe orientar o leitor que a citação de passagens da obra com o objetivo de debate ou exemplificação ou ainda a reprodução de pequenos trechos da obra para uso privado, sem intuito comercial e desde que não prejudique a normal exploração da obra, são, por um lado, permitidas pela Lei de Direitos Autorais, art. 46, incisos II e III. Por outro, a mesma Lei de Direitos Autorais, no art. 29, incisos I, VI e VII, proíbe a reprodução parcial ou integral desta obra, sem prévia autorização, para uso coletivo, bem como o compartilhamento indiscriminado de cópias não autorizadas, inclusive em grupos de grande audiência em redes sociais e aplicativos de mensagens instantâneas. Essa prática prejudica a normal exploração da obra pelo seu autor, ameaçando a edição técnica e universitária de livros científicos e didáticos e a produção de novas obras de qualquer autor.

SUMÁRIO

Sobre a autora IX

Comentários sobre o livro XI

Prefácio XV

Introdução e agradecimentos. XIX

Capítulo 1 – Ouvir com o coração 1

Capítulo 2 – Um mapa do tesouro 7

Capítulo 3 – Você tem medo da serenidade?. 15

Capítulo 4 – Princípio do pensamento como uma função 18

Capítulo 5 – Princípio dos sentimentos como uma bússola 29

Capítulo 6 – Princípio das realidades distintas. 39

Capítulo 7 – Princípio dos níveis de humor ou níveis de consciência. 48

Capítulo 8 – De quais pensamentos você desiste por sua felicidade? 59

Capítulo 9 – Sinta-se maravilhado por ser quem você é 67

Capítulo 10 – Quanto tempo leva para compreender?. 79

Capítulo 11 – Quietude. 85

Capítulo 12 – Ao contrário da opinião popular 94

Capítulo 13 – Desvios 105

Capítulo 14 – Relacionamentos 118

Capítulo 15 – Mitos sobre relacionamentos. .127

Capítulo 16 – Chaves para a felicidade: um resumo. 136

Índice remissivo. 145

SOBRE A AUTORA

Dra. Jane Nelsen é terapeuta matrimonial, familiar e infantil licenciada na Califórnia e autora e/ou coautora de inúmeros livros e manuais de treinamentos experimentais para pais, professores, casais e empresas. Ela conquistou seu doutorado em educação na University of San Francisco, mas seu treinamento formal foi secundário ao treinamento prático como mãe de 7, avó de 22 e bisavó de 18. Ela agora compartilha essa riqueza de conhecimento e experiência como palestrante internacional e liderando cursos em todo o mundo. Jane mora com o marido, Barry, em San Diego, CA.

COMENTÁRIOS SOBRE O LIVRO

"Você poderia tirar todos os livros que tenho, exceto um, esse que você está lendo agora, e eu ainda conseguiria manter minha saúde emocional e amor pela vida."

— Merrill Bailey, M.ED. (do prefácio)

"Fui apresentado a este livro enquanto estava passando por um período muito sombrio e serei a primeira pessoa a se levantar e dizer que ele MUDOU MINHA VIDA!!! Os quatro princípios me ensinaram a superar obstáculos mais do que QUALQUER OUTRO livro de autoajuda que já li. Sinto PAZ TOTAL e pela primeira vez na vida estou verdadeiramente feliz! Eu recomendaria, recomendei e CONTINUAREI a recomendar este livro a todos! Jane Nelsen é uma autora incrível e tem a capacidade de alcançar pessoas em muitos níveis diferentes!"

— Wendy Espinoza, West Jordan, Utah

"A razão pela qual recomendo tanto *Serenidade – você sabe o que está impedindo a sua felicidade?* a todos os meus amigos e alunos é que ele nos dá ferramentas eficazes para permanecermos no rumo da verdadeira alegria em nossas vidas."

— Max Skousen, meu professor, meu amigo

"Admiro seu grande conhecimento e sua capacidade de escrever com o coração. Seu livro é incrível, SIMPLESMENTE ADOREI!"

— Blanka Williams

"Comprei recentemente este livro durante uma viagem de negócios. Sou aluna do *Curso em Milagres,* e seu livro está muito sintonizado com o *Curso* e esclareceu totalmente as questões da mente e do coração que eu não estava vendo com muita clareza. Tenho post-its roxos nas páginas deste livro para muitas coisas. Tornou-se tão importante para o meu crescimento espiritual que me refiro diariamente ao *Quadro da Bússola de Sentimentos* e adicionei algumas das *minhas próprias palavras* a cada uma das colunas.

Comprei o livro por impulso, nunca imaginei que ele se relacionaria tão intimamente com o *Curso em Milagres.* Ele já causou algumas mudanças profundas em minhas percepções (por exemplo, a cada dia *vejo* as coisas de maneira diferente), e este livro será definitivamente importante no meu crescimento espiritual e na minha vida."

— Murielle McEvoy, Ventura, CA

"Este é um livro afetuoso e maravilhosamente escrito que ajudará as pessoas a encontrar compreensão e compaixão em seus relacionamentos com filhos, cônjuges, amigos – e, o mais importante, consigo mesmas."

— Kimberly Kiddo, psicóloga, Coral Gables, FL

"Ler *Serenidade – você sabe o que está impedindo a sua felicidade?* ajudou muitos dos meus pacientes a acessar aquela inteligência transcendente da qual emanam o *insight* e a sabedoria. Com humildade, clareza e alegria, a Dra. Nelsen aponta para esse potencial dentro de todos nós."

— William F. Pettit, M.D., psiquiatra certificado, West Virginia Initiative for Innate Health, University of West Virginia, Morgantown, WV

"Por favor, envie mais exemplares do seu livro maravilhoso, prático, esclarecido e esclarecedor. Acabei de emprestar o meu último e não me importo de admitir certa 'ansiedade da separação'. Gosto de ter alguns em mãos para 'emprestar' a clientes."

— Roz Cohen, RN, BC, MSN, Captain Cook Havaí

"Eric Berne disse uma vez que existem apenas três palavras necessárias para viver: 'Sim', 'Não' e 'Uau!' Este livro encantador é sobre o 'Uau!' Solte-se, confie e permita que a paz de espírito venha de dentro. A verdade que nos liberta realmente pode ser simples assim. Jane Nelsen escreveu sobre esse processo natural, que é inerente a todos nós, de maneira muito compreensível. Um livro fantástico para levar consigo."

— Bill Hutcherson, Psicólogo, Ph.D., Roseville, CA

"Quero agradecer pelos *insights* que você oferece em seu livro incrível. Estou tentando aplicar os princípios que você ensina em todos os aspectos da minha vida agora. Sinto que preciso carregá-lo comigo constantemente para me lembrar de não ouvir meus pensamentos malucos, mas sim meu coração."

— Barbara, Salt Lake City

PREFÁCIO

por Merrill J. Bailey

Não é exagero dizer que este livro mudou minha vida e, conse-quentemente, a vida de literalmente centenas de meus pacientes e alunos nos últimos anos. Quando fui apresentado a este livro, eu já ensinava e aconselhava havia muitos anos. Acreditava que era um terapeuta de sucesso quando ajudava meus pacientes a "lidar" com seus problemas. Afinal, eu era muito bom em "lidar" comigo mesmo. A primeira edição, intitulada *Understanding* (Compreensão), me jogou para dentro do meu coração, onde minha própria cura continuou como eu nunca teria imaginado ser possível. Descobri que isso é verdade para muitas das pessoas que aconselhei e ensinei desde então. Sugeri aos meus pacientes que não se pode ler este livro apenas uma ou duas vezes. É um processo vitalício de luta para permanecer no coração. Este livro, escrito para leigos, me leva de volta para dentro do meu *coração* toda vez que o leio. Revisei esta versão diversas vezes e posso dizer com total honestidade que ela está melhor do que nunca para atingir esse objetivo.

A ciência da *Psicologia da Mente* evoluiu a partir da década de 1980. Os seguidores pareciam ser uma estranha mistura de místicos e psicólogos certificados. Depois de digerir completamente o livro da Dra. Nelsen, meu entusiasmo e resultados pessoais me levaram a estudar em profundidade todo o material que conseguisse encontrar que explicasse essa nova ciência. Logo descobri que não há nada por aí para o leigo que consiga explicar os princípios e preceitos desta ciência notável como o faz *Serenidade – você sabe o que está impedindo a sua felicidade?.*

Parece que temos um desequilíbrio que vai em direção à "mente" em nossa cultura, o que torna muito difícil encontrar alegria e satisfação duradouras em todos os nossos relacionamentos. O sistema de pensamento programado gera nossos males mentais e a maioria dos nossos males físicos. Não é fácil para aqueles de nós que fomos criados na nossa cultura dominada pelo pensamento compreender o conceito de sermos capazes de dar um passo para trás objetivamente e ver como o cérebro funciona.

"Não conseguir ver a floresta por causa das árvores" é mais do que um simples clichê quando se trata de tentarmos compreender a nós mesmos e entender o motivo de *pensarmos* e, portanto, agirmos da maneira que agimos. *Serenidade – você sabe o que está impedindo a sua felicidade?*, na minha experiência, ajuda a criar essa nova consciência como nada mais na literatura é capaz de fazer.

Descobri que compreender a minha disfunção nos relacionamentos é, no entanto, apenas parte da equação de cura. Atualmente existem muitos profissionais e uma grande quantidade de livros no mercado que fazem um trabalho maravilhoso ao nos ajudar a ver de onde vêm nossos problemas emocionais. Concordo com a Dra. Nelsen que algumas dessas informações podem ser extremamente úteis. Esses excelentes trabalhos podem abrir as portas para o crescimento pessoal quando usados para ajudar as pessoas a curar velhas crenças do passado que as impedem de acessar seus corações, sua sabedoria interior, sua fonte espiritual. No entanto, depois de anos de experiência, descobri que, para que uma mudança completa na vida – um renascimento, por assim dizer – ocorra na vida de uma pessoa, é necessário acontecer algo mais do que apenas entrar em contato com as razões da sua disfunção. É aqui que os princípios ensinados em *Serenidade – você sabe o que está impedindo a sua felicidade?* tiveram um impacto enorme.

Em um diálogo claro, preciso e compreensível, a Dra. Nelsen consegue facilitar a saída do sistema de pensamento, que cria todas as disfunções, e a entrada no coração, onde mudanças emocionais e comportamentais reais podem começar a ocorrer. A releitura dos capítulos cria essa mudança sem esforço, durante o momento da leitura.

Os últimos capítulos são especialmente úteis, pois contêm exemplos claros e realistas de experiências de vida em que mudar o coração pode mudar os resultados de rompimentos de relacionamentos anteriores. Parece que as emoções são alguns dos mais incompreendidos e temidos constructos do campo da psicologia. Compreender que as emoções são criadas instantaneamente a partir dos sentimentos e aprender que tenho controle sobre os meus sentimentos é um dos maiores avanços no estudo da "mente" no século XX. Meus sentimentos são totalmente diferentes quando estou em meu coração e quando estou em meu sistema de pensamento programado.

Um ator conhecido certa vez declarou publicamente que os livros de autoajuda haviam mudado sua vida e que ele seguia uma rotina constante baseada neles. Pessoalmente, posso entender por que ele fez tal observação. As pessoas que procuram crescer e que estão dispostas a pagar o preço desse crescimento acabarão por encontrar o caminho. No entanto, como eu sempre disse aos meus alunos de seminários, você poderia tirar todos os livros que tenho, exceto um, esse que você está lendo agora, e eu ainda conseguiria manter minha própria saúde emocional e amor pela vida. Compartilho com eles o fato honesto de que a equação para a felicidade pessoal e o contentamento em minha própria vida mudou drasticamente de um estado de vinte por cento feliz/oitenta por cento "levando a vida" para um estado realista de noventa por cento feliz/dez por cento "levando a vida", simplesmente por ter sido apresentado ao livro dela há muitos anos.

Alguém disse uma vez: "Se continuarmos a fazer o que sempre fizemos, sempre conseguiremos o que sempre conseguimos". A nossa cultura sempre entronizou a cabeça ou o intelecto como nosso mestre e insistiu obstinadamente em tentar resolver todos os nossos problemas a partir dessa fonte, sem perceber que "essa fonte" é o problema. A minha grande esperança e sonho para o futuro da saúde mental no nosso mundo é que, com uma compreensão renovada, possamos fazer algo diferente e, assim, começar a colher melhores recompensas emocionais – em outras palavras, "mudar os nossos corações". Este livro é mais do que apenas um começo; é o próprio "caminho".

INTRODUÇÃO E AGRADECIMENTOS

Este livro foi publicado por mim pela primeira vez sob o título *Understanding: Eliminating Stress and Dissatisfaction in Life and Relationships* (Compreensão: eliminando o estresse e a insatisfação na vida e nos relacionamentos). Fiquei totalmente surpresa com a quantidade de exemplares (30.000) vendidos, sendo um livro autopublicado. As vendas se deveram, em parte, à popularidade boca a boca entre as organizações de recuperação em Minneapolis. Por essa razão, quando a Prima Publishing publicou o livro, o título foi alterado para *Understanding: Eliminating Stress and Finding Serenity in Life and Relationships* (Compreensão: eliminando o estresse e encontrando a serenidade na vida e nos relacionamentos). Claro que as vendas foram muito maiores com a ajuda da Prima. Mais tarde, a Prima pensou que um título "melhor" poderia impulsionar ainda mais as vendas. Daí a mudança para *From Here to Serenity: Four Principles for Understanding Who You Really Are* (Daqui para a serenidade: quatro princípios para compreender quem você realmente é). A mudança de título não funcionou, e as vendas diminuíram em vez de aumentar. Quando a Prima foi vendida para a Random House, eles decidiram não continuar a imprimir este livro.

Como *Serenidade – você sabe o que está impedindo a sua felicidade?* (o título que escolhi para esta revisão) é meu livro favorito dos 18 de minha autoria ou coautoria, quero continuar a compartilhá-lo com outras pessoas. Este foi o livro de maior impacto na minha vida e, segundo relatos que ouvi, na vida de outras pessoas. Cada vez que o leio, vou a níveis ainda mais profundos de serenidade e de escuta do meu coração.

Introdução às primeiras edições

Gosto de *workshops* sobre crescimento pessoal. No entanto, eu costumava me perguntar, brincando, se algum dia encontraria o último *workshop* – um que finalmente ensinasse as técnicas mágicas que me dariam competência e confiança suficientes para ser verdadeiramente útil para mim mesma e para os outros. Nunca encontrei o que procurava. Em vez disso, encontrei algo melhor: princípios que me ensinaram onde competência, confiança e sabedoria estão e sempre estiveram – dentro de mim. Eu tinha lido e ouvido repetidamente o conselho para me interiorizar, mas não sabia como fazer isso. Eu estava familiarizada com as frases: "O reino dos céus está dentro" e "Como um homem pensa, assim ele é", mas nunca havia tido uma experiência pessoal com essas verdades. Finalmente descobri um seminário no qual foram explicados princípios que me levaram a experimentar o meu reino interior de felicidade e paz de espírito. Reconheço e agradeço a George Pransky e Robert Kausen, que suportaram meus "e se" e "sim, mas" até que, finalmente, consegui escutar em um nível mais profundo.

Depois de experimentar resultados tão drásticos em minha vida, senti-me inspirada a passar seis meses como bolsista no Advanced Human Studies Institute (Instituto de Estudos Humanos Avançados), em Coral Gables, Flórida. Estudar e trabalhar com o Dr. Rick Suarez e a Dra. Kimberly Kiddoo foi realmente uma experiência linda e enriquecedora. Que privilégio ser levada a uma *compreensão* mais profunda dos recursos internos por meio da sabedoria desses pioneiros e inovadores da *Psicologia da Mente*.

É com amorosa gratidão que reverencio o Dr. William Pettit, um proeminente psiquiatra que abandonou sua prática bem-sucedida e sua posição como treinador nacional de um popular seminário de crescimento pessoal quando ouviu os princípios da *Psicologia da Mente*. Ele se mudou com a família para a Flórida e estava terminando sua bolsa no Instituto de Estudos Humanos Avançados enquanto eu estava lá. Sua deliciosa influência é refletida neste livro.

Foi uma emoção especial receber o endosso de Wayne Dyer. Seus livros e áudios têm sido uma inspiração para mim e minha família há anos. Wayne continua a me inspirar com seus ensinamentos espirituais por meio de seus novos livros e palestras na PBS Television.

Foi uma experiência gratificante e que me tornou humilde ouvir tantas pessoas que leram as primeiras edições deste livro. Que tantos fossem tocados ficou além da minha compreensão, e espero que muitos mais encontrem alegria e serenidade por meio desta edição revisada.

Uma razão para as revisões anteriores foi a descoberta de conceitos adicionais que aprofundaram meu nível de compreensão. Graças a Valerie Seeman Moreton e Max Skousen, agora parece senso comum compreender que às vezes precisamos curar as crenças que criamos como parte dos nossos sistemas de pensamento. Muitas vezes essas crenças filtram as nossas experiências de vida, mesmo quando não temos consciência delas. Curar o passado é eficaz e poderoso quando se baseia na compreensão dos quatro princípios discutidos neste livro.

O bom amigo Dr. Bill Hutcherson é meu companheiro de *workshop* há anos. Não gostamos mais dos *workshops* que dão validade ao sistema de pensamento, mas valorizamos aqueles que nos levam aos nossos corações e fontes espirituais. Bill se ofereceu para ler o manuscrito desta edição e foi muito gentil com suas sugestões.

Sou especialmente grata ao meu marido, Barry. Ele é uma das pessoas mais incondicionalmente amorosas que conheço. Por meio da *compreensão*, aprendemos a ser gentis um com o outro (na maior parte do tempo), mesmo quando entramos na insanidade dos nossos sistemas de pensamento – até que a insanidade passe.

Não quero dar a impressão de que a vida é sempre uma felicidade total. Estamos neste planeta para aprender e crescer. Cada experiência nos dá oportunidades de aprender e crescer em qualquer profundidade que escolhermos. Todos os princípios discutidos em *Serenidade – você sabe o que está impedindo a sua felicidade?* me ajudaram a encarar as experiências "boas" e "ruins" com gratidão – mais cedo ou mais tarde. Você entenderá o porquê depois de ler este livro.

Meu próximo agradecimento é aos meus filhos, a quem este livro é dedicado. Amamos e aprendemos continuamente uns com os outros. Minha filha Mary fez uma declaração que resume o valor dos princípios discutidos neste livro. Perdi-me por um breve período em sentimentos de insegurança e estava me comportando de maneira irracional. Em virtude da minha *compreensão* dos quatro princípios, não durou muito. Mary disse mais tarde: "Eu sabia que você logo perceberia o que estava fazendo, mamãe".

Espero que *Serenidade – você sabe o que está impedindo a sua felicidade?* o ajude a entender o que está fazendo, a aprender com isso e a retornar rapidamente ao seu coração, onde você experimentará alegria e serenidade.

1

OUVIR COM O CORAÇÃO

Amor, felicidade, gratidão, sabedoria, compaixão, serenidade, alegria. Esses são os bons sentimentos naturais e inerentes a todo ser humano. Eles são a essência de quem você é – seu estado mental natural – sua alma. Sua alma não tem medo, nem raiva, nem ansiedade e é totalmente isenta de julgamento.

Já que isso é verdade, por que tantas pessoas vivem sob estresse, ansiedade, raiva, julgamento, depressão ou medo? Por que tantos buscam a felicidade por meio de relacionamentos, trabalho, dinheiro, ter mais, melhor ou diferente? Por que eles continuam olhando para fora de si mesmos quando já ouviram, repetidas vezes, que a felicidade está em seu interior?

A resposta a essas perguntas pode ser encontrada por meio da *compreensão* de que todos nós criamos um sistema de pensamento que nos impede de vivenciar nosso estado de ser inerente e natural. Muitos de nós, sem querer, permitimos que nossos sistemas de pensamento se tornassem tão poderosos que raramente acessamos a sabedoria de nosso estado natural de ser. Ouvir com o coração pode ajudá-lo a ultrapassar seu sistema de pensamento para que você possa ouvir as mensagens do seu coração – seu melhor indicador da verdade.

Os quatro princípios explicados neste livro o ajudarão a reconhecer seu sistema de pensamento pelo que ele é (sem julgamento) e a rejeitá-lo por meio da *compreensão*, para que você possa viver com o coração e com a alma e vivenciar seus bons sentimentos naturais.

Os bons sentimentos inerentes são como rolhas na água que boiam naturalmente para a superfície, a menos que sejam empurradas ou enterradas sob detritos. Embora os bons sentimentos sejam naturais nos seres humanos, muitas vezes eles são enterrados sob os escombros de um sistema de pensamento levado muito a sério (algo de que a maioria de nós se tornou adepta). Uma *compreensão* dos quatro princípios remove os pesos e os escombros para que a sabedoria, a gratidão, a alegria e a serenidade possam voltar à tona.

Em nossa sociedade, fomos ensinados a prestar mais atenção à lógica de nosso intelecto do que à alegria e à sabedoria de nosso coração. Deepak Chopra sugere outra possibilidade em seu livro *The Seven Laws of Spiritual Success* (As sete leis espirituais do sucesso):

> Apenas o coração sabe a resposta correta. A maioria das pessoas pensa que o coração é piegas e sentimental. Mas não é. O coração é intuitivo; é holístico, é contextual, é relacional. Não tem uma orientação ganha-perde. Ele se utiliza do computador cósmico – o campo de potencialidade pura, conhecimento puro e poder organizador infinito – e leva tudo em consideração. Às vezes pode até não parecer racional, mas o coração tem uma habilidade computacional muito mais exata e precisa do que qualquer coisa dentro dos limites do pensamento racional.[1]

Você já disse: "Eu te amo com todo o meu coração e alma?". Por que você não disse: "Eu te amo com toda a minha mente?". Em algum nível intuitivo, você sabe que há algo mais intenso e profundo em seu coração do que em sua mente. O cérebro tem capacidade e habilidades ilimitadas. Porém, limitamos nosso cérebro com um sistema de pensamento *programado* com decisões antigas de nossa infância, baseadas em interpretações equivocadas que se tornaram crenças sólidas, que passaram a ser vistas como realidade. Esse sistema de pensamento programado filtra todas as novas possibilidades, incluindo a verdade; tenta encaixar tudo no que já sabe –

---

1   Deepak Chopra, *The Seven Laws of Spiritual Success* (San Rafael: Amber-Allen Publishing & New World Library, 1994), pp. 43-44.

mesmo quando esse saber se baseia em ilusões. David R. Hawkins, em seu livro *Power Vs Force* (Poder vs. força),[2] descreve desta forma:

> Para transcender as limitações da mente, é preciso destroná-la de sua tirania como única árbitra da realidade. A mente vaidosa confere sua marca de autenticidade ao filme da vida que está vendo; a própria natureza da mente é nos convencer de que sua visão única da experiência é algo genuíno. Cada indivíduo sente secretamente que sua experiência particular do mundo é exata.

O conceito de realidades separadas e os problemas que encontramos quando realmente acreditamos que nossa visão do mundo está *correta* são explorados mais detalhadamente no Capítulo 6, sobre o princípio das realidades separadas.

Ao longo deste livro, *compreensão* está em itálico para transmitir um nível de inspiração ou *insight* que vem de sua sabedoria interior, seu coração, sua alma. Você experimentará uma potencialidade ilimitada quando *compreender* que sua sabedoria interior está *conectada* e se *alinha* com a *Consciência Universal* e Sabedoria. Você aprenderá a parar de permitir que seu sistema de pensamento crie barreiras que o afastam desse poder e possibilidade ilimitados.

Muitos gênios e inventores reconheceram que suas descobertas eram *dons* provenientes de *algo* além de suas próprias habilidades racionais. Eles reconhecem algo maior do que eles mesmos. Todos nós acessamos algo maior do que nosso ego quando nos conectamos com nossos corações e almas.

Lembra daquelas vezes em que você teve um *insight* que parecia vir do *nada* – especialmente quando você não conseguia encontrar uma resposta depois de passar horas, dias ou semanas tentando resolver algo? Você já teve arrepios quando ouviu algo que *sentiu* que era verdade sem ter que raciocinar sobre isso? Isso é o que acontece quando você ouve com o coração; e é muito diferente de ouvir através dos filtros do seu sistema de pensamento. A *compreensão* é uma experiência espiritual, não uma experiência intelectual.

---

2   David R. Hawkins, *Power VS. Force: The Hidden Determinants of Human Behavior* (Carlsbad, CA: Hay House, Inc., 2002), p. 246.

A *compreensão* é a chave para a alegria natural e a serenidade.

Insight vindo de dentro é a chave para a *compreensão*.

Ouvir com o coração é a chave para o *insight*.

Esse é o ciclo. Não importa onde você começa; cada faceta leva à mesma direção para resultados positivos em sua vida e relacionamentos – para a serenidade.

Sugiro ouvir com o coração como um sentimento do seu coração porque as palavras são inadequadas para expressar amor, beleza, princípio ou qualquer outra verdade intangível. Essas verdades podem ser compreendidas apenas por meio de sua experiência pessoal com elas, que transcende as palavras.

Certa vez, alguém pediu a Louis Armstrong que explicasse o *jazz*. Ele respondeu: "Se você não consegue sentir, não sei como posso explicar". O único propósito das palavras neste livro é apontar para o tipo de *compreensão* que você sentirá em seu coração. Se você não sentir, não *compreenderá*.

Aprender a andar de bicicleta ou andar na barra de equilíbrio são bons exemplos de *compreensão* por meio do sentimento. Não importa quantas vezes você tenha ouvido uma explicação sobre o conceito de equilíbrio, estava além de sua compreensão até que você o *sentisse* por si mesmo. Agora você pode sentar em uma bicicleta e sentir o equilíbrio sem sequer pensar sobre isso.

Lembra quando você estava tentando aprender princípios matemáticos? No início não importava quantas vezes você somava 2 + 2; realmente não fazia sentido. Então, de repente você entendeu e conseguiu somar qualquer combinação de números porque finalmente *compreendeu* o princípio. E assim fazia sentido que 5 + 7 fosse o mesmo que 4 + 8.

Os princípios da matemática e do equilíbrio não oferecem respostas. Eles simplesmente mostram como encontrar respostas ou como descobrir erros e fazer correções. Da mesma forma, os princípios explicados neste livro não oferecem respostas. Eles mostram como *compreender* e corrigir erros em seu pensamento que podem estar impedindo você de se conectar com seu coração, onde encontrará *sua* verdade – *suas* respostas.

Algumas pessoas ouvem os princípios intelectualmente, com compreensão apenas o suficiente para falar deles *da boca para fora*. Quando realmente *compreendem*, elas falam *de coração*. Falar da boca para fora geralmente inclui os *deveria* e *não deveria*. "Eu deveria sentir mais gratidão." "Eu não deveria julgar os outros." Falar de coração vem naturalmente à tona, inspirando você a fazer o que faz com base na paixão e na alegria. O julgamento (de si mesmo ou dos outros) nem chega a ser considerado.

Outra razão para ouvir com o coração é que as palavras podem realmente impedi-lo de acessar seu coração quando elas ficam presas em seu sistema de pensamento. Cada pessoa ouve palavras de sua própria estrutura de referência e interpretação. Por exemplo, sua imagem mental de um cachorro é diferente da imagem mental de seu amigo. É por isso que as discussões sobre religião e política são frequentemente evitadas. Esses tópicos desencadeiam tantas crenças e emoções diferentes sobre o que é *certo* e *errado* que paramos de ouvir, exceto para a tagarelice de nossas próprias crenças, que estão profundamente enraizadas em nossos sistemas de pensamento individuais.

As palavras podem soar muito ocas e intelectuais, enquanto a experiência do que as palavras estão tentando transmitir pode ser bastante completa. Ouvir com o coração – vindo da sabedoria do seu coração em vez do seu sistema de pensamento – ajuda você a superar as limitações das palavras para experimentar a percepção de sua sabedoria interior. Você saberá que está ouvindo com o coração quando ler algo e tiver aquele sentimento de descoberta que o leva a uma *compreensão* mais elevada, que faz ainda mais sentido para você do que as palavras.

Ouvir com o coração pode fazer com que a definição tradicional das palavras pareça confusa. Por exemplo, certa vez acreditei que o perdão significava que eu deveria fazer algo nobre a partir do meu intelecto. Por meio da *compreensão*, o perdão deixa de ser um problema. Quando abandono meus julgamentos e entro em meu coração, não há nada para perdoar. O perdão parece mais uma consciência da verdade sobre minhas ilusões, meus julgamentos inadequados ou um sentimento de compaixão maior do que ter algo a fazer. Eu experimento o verdadeiro significado de "Não julgueis" e de "Perdoai-os, eles não sabem o que fazem".

Você será capaz de viver de coração e alma o tempo todo depois de *compreender* os quatro princípios? Não, a menos que seja um santo. Com o tempo, porém, você vai parar de julgar a si mesmo quando perceber que está vivendo de acordo com seu sistema de pensamento e simplesmente descartará seus pensamentos e experimentará sua alegria – repetidamente.

Os quatro princípios, que serão explicados em breve, ajudam você a se lembrar de como ultrapassar os limites de seu sistema de pensamento programado para que possa experimentar a verdade de seu coração. Eu digo "lembrar-se" porque você nasceu com essa habilidade e a usou quando criança antes de ser encoberta por seu sistema de pensamento em desenvolvimento. Lembre-se de quando você não guardava rancor e com que rapidez conseguia esquecer suas decepções e experimentar a vida com alegria novamente. *Compreender* os quatro princípios o ajudará a experimentar novamente aquela alegria infantil e uma nova abordagem da vida. No entanto, pode levar algum tempo para superar o poder do seu sistema de pensamento. Seja gentil consigo mesmo e continue ouvindo com o coração.

Ler este livro pode ser como montar um quebra-cabeça. Às vezes uma peça não faz sentido até que se encaixe em outra. Talvez algo que você leia no meio ou no final lhe dê um *insight* para tornar o começo mais compreensível. Muitas pessoas, inclusive eu, encontram maior *compreensão* cada vez que o leem. É tão fácil cair no padrão de ver o mundo através de nossos sistemas de pensamento programados (afinal, eles estão conosco há anos) que precisamos de algum tipo de inspiração para nos levar de volta à conexão com nossos bons sentimentos naturais e sabedoria interior.

Várias pessoas me disseram que mantêm um exemplar deste livro na mesa de cabeceira e releem partes aleatoriamente. Elas afirmam que sempre parecem escolher a seção certa de que precisam para ajudá-las em tudo que estão enfrentando no momento.

Assim como a matemática e o equilíbrio, antes da *compreensão*, os princípios podem parecer complicados. Após a *compreensão*, eles parecem lindamente simples. Quando você ouvir com o coração, notará a tagarelice do seu sistema de pensamento, mas não prestará tanta atenção a ele. Em vez disso, você ouvirá com seu coração. Quando ouvir os princípios em seu coração, você *compreenderá* e experimentará amor, alegria e serenidade em sua vida.

Continue ouvindo com o coração.

2

UM MAPA DO TESOURO

Wayne Dyer conta uma história maravilhosa em sua coletânea, *Secrets of the Universe*,[1] que captura a essência da condição humana e o motivo de precisarmos de um mapa do tesouro para nos levar de volta à nossa alegria interior e serenidade.

Era uma vez dois gatos de rua. O gato jovem passava seus dias freneticamente perseguindo o próprio rabo. Um dia, o gato velho estava andando perto dali e parou para observar o gato jovem correndo em círculos. Quando o gato jovem parou para recuperar o fôlego, o gato velho perguntou: "Você se importaria de me dizer o que está fazendo?".

O gato jovem explicou entre respirações ofegantes: "Fui para a escola de filosofia dos gatos e aprendi que a felicidade está na ponta do nosso rabo. Eu sei que, se eu perseguir o suficiente e com força suficiente, vou pegar um grande bocado de felicidade".

O gato velho refletiu: "Não frequentei a escola de filosofia para gatos, mas sei que é verdade que a felicidade está na ponta de nossos rabos. Observei, no entanto, que, se eu simplesmente vagar por aí aproveitando minha vida, ela me seguirá aonde quer que eu vá".

---

1   Wayne Dyer, *Secrets of the Universe*, Nighingale Conant Corp., The Human Resources Company, Chicago, IL.

Quantos de nós corremos em círculos tentando pegar um grande bocado de felicidade em algum lugar fora de nós mesmos? Poderíamos aprender muito com o velho e sábio gato de rua. Muitos de nós nos envolvemos na *busca* pela felicidade e esquecemos de ser felizes. Digo *esquecemos* porque você já sabe como ser feliz, mas esse conhecimento inato pode estar enterrado e sem uso. O conhecimento enterrado é como um segredo bem guardado que pode precisar de um mapa do tesouro para ajudar você a encontrá-lo novamente.

Quando está desconectado do seu coração, você (junto com milhões) pode ficar preso em uma corrida por dinheiro e poder tentando encontrar a felicidade fora de si mesmo. Você pode estar correndo em círculos, como o jovem gato de rua, tentando provar seu valor. Você pode pensar que valerá a pena se ganhar dinheiro suficiente, obter diplomas suficientes, encontrar o relacionamento perfeito. Em pouco tempo você fica tão ocupado que não está consciente da vida que deveria viver – uma vida de amor, alegria e serenidade.

Conforme discutido no primeiro capítulo, seus bons sentimentos inerentes virão à tona naturalmente assim que você remover os detritos que os mantêm enterrados, descartando seu sistema de pensamento. Algumas pessoas não acreditam que têm bons sentimentos inerentes de alegria, sabedoria e paz – ou podem acreditar, mas se sentem frustradas quando pensam que não podem acessar esses bons sentimentos. Elas podem se sentir bloqueadas e aprisionadas em suas próprias mentes – como de fato se sentem quando não *compreendem* como um sistema de pensamento programado funciona e como superá-lo. Os quatro princípios (em breve, nos Capítulos 4 a 7) servem como um mapa do tesouro que mostra o caminho para abrir as portas da prisão e viajar para o reino dos céus interior.

Um mapa do tesouro

Você descobrirá que a felicidade está bem embaixo dos seus olhos, em seu próprio quintal.

Esse cartum está quase correto. Como o reino dos céus está dentro de você, a felicidade está ainda mais perto do que no seu quintal. Eu sei que você já ouviu dizer que a felicidade está no interior. No entanto, quantas vezes você realmente experienciou o que isso significa? Meu palpite é que seu coração reconhece a verdade dessas palavras, então por que você continua esquecendo o que sabe em seu nível mais profundo e continua procurando a felicidade fora de si mesmo? A resposta novamente: porque você não *compreende* o poder do seu sistema de pensamento e ouve o seu ego (um produto do seu sistema de pensamento) em vez do coração. Somente o seu ego pode levá-lo a acreditar que você pode encontrar a felicidade fora de si mesmo. Seu ego também o convida a questionar seu valor inato – um pensamento absurdo que cria tanto sofrimento e miséria para tantos.

Quando você se reconecta com seu coração, sabe que não tem nada a provar. Quando seus bons sentimentos inerentes são descobertos, você vive naturalmente em um estado de ser feliz e amoroso. Você está conectado à sua orientação interior, compreende suas paixões na vida e as segue com alegria e entusiasmo.

Você já se sentiu inspirado depois de ouvir ou ler belas palavras de sabedoria e jurou ser melhor, apenas para se sentir desapontado consigo mesmo quando não manteve esses sentimentos inspirados? Você já se lembrou do que *deveria* fazer, mas não teve vontade porque estava muito envolvido com sua raiva, seus sentimentos feridos, seus julgamentos?

Quando isso acontece, você está seguindo os ditames do seu ego em vez do seu coração. Quando você vê o que está fazendo e cai no desânimo e na autoculpa, ainda está ouvindo seu ego. Não há nada de errado com qualquer coisa que você esteja fazendo ou tenha feito. Todas as suas experiências ajudam você a saber o que funciona e o que não funciona. Está tudo bem. E sua jornada para a alegria e a serenidade será muito mais agradável quando a primeira coisa de que você abrir mão for o autojulgamento e você aprender a amar a si mesmo, com seus defeitos e tudo, conforme discutido no Capítulo 9.

Seu ego pode estar se opondo agora – lutando por sua existência. Evite a luta. Ame seu ego, e então ouça seu coração e continue lendo. O mapa do tesouro deste livro ajudará você a se manter no caminho certo para a serenidade, ou a voltar ao curso quando você inadvertidamente fizer um desvio. A maioria de nós, inclusive eu, faz desvios com bastante frequência, mesmo que esses desvios não pareçam bons. A bússola dos sentimentos no Capítulo 5 o ajudará a entender o que o está levando na direção errada – para longe da sua alegria. Essa consciência pode inspirá-lo a descartar os pensamentos que criam seu desconforto para que você possa experimentar a sabedoria do seu coração, que o levará na direção de sua alegria de novo – instantaneamente.

Quando você ouvir seu coração, sentirá compaixão ao perceber que *caiu na armadilha* do ego. Você pode até se sentir encantado com a oportunidade de mais uma lição de vida que aprimora seu crescimento pessoal e espiritual. Achei útil dizer com carinho: "Ah, aí está você, seu diabinho bonitinho". Meu ego perde seu poder e então tenho acesso ao meu coração novamente.

A *compreensão* significa que você viverá o resto de sua vida em total êxtase? Bem, algumas pessoas chegaram a esse estado, mas eu não sou uma delas. Algumas pessoas se reconectam com seus corações, encontram serenidade e nunca vacilam. A maioria de nós, no entanto, é continuamente seduzida por seu ego e sistemas de pensamento.

Alguém uma vez perguntou: "Então, qual é o objetivo de tudo isso?".
Minha resposta: "Ser feliz".

Alguém disse: "Bem, com certeza você está feliz. Olhe para tudo o que você tem".

"Esse é o meu ponto", respondi. "Eu tinha tudo o que tenho agora antes de aprender sobre esses princípios e ainda não estava feliz. Prestei mais atenção às minhas ilusões de insegurança e a uma falsa necessidade de provar a mim mesma maior do que meus bons sentimentos inerentes."

Isso explica por que tantas pessoas que alcançaram fama, fortuna ou outras formas de sucesso, conforme definido por nossa sociedade, costumam ficar insatisfeitas. Elas são enganadas por seus sistemas de pensamento para acreditar que podem encontrar a felicidade fora de si mesmas e ficam profundamente desapontadas quando alcançam riqueza material, sucesso, um relacionamento dos sonhos – e ainda não são felizes.

Isso significa que você deve viver na pobreza? Não. Muitas pessoas vivem de sua paixão e alegria interiores, criam riqueza material, têm relacionamentos maravilhosos e são muito felizes. Não há *deveria* sobre ter ou não bens materiais. No entanto, existem princípios que permitirão que você conheça a fonte de suas criações e saiba qual fonte leva à alegria e qual não.

A fonte de seu estresse, medo, ansiedade, tédio, raiva, depressão ou qualquer um dos outros sentimentos que o afastam da alegria e da serenidade é o seu sistema de pensamento. A fonte de sua alegria é seu coração e sua alma.

Neste ponto, você pode estar se perguntando por que eu não chego logo aos quatro princípios. Escute seu coração. Você pode estar pronto para pular para esses capítulos agora. Ou você pode estar tão desconectado de seu coração que precisa de mais trabalho de base como preparação para os quatro princípios. Você pode simplesmente ser curioso e gostar de ler cada palavra. Está tudo bem.

Para uma *compreensão* mais profunda, você pode achar útil começar um diário. A primeira questão a contemplar: Como você está escolhendo viver sua vida? Você vive sua vida com serenidade e paz de espírito? Ou você vive sob estresse, ansiedade, insatisfação, desapontamento, raiva ou depressão? Você é um dos milhares que usam antidepressivos, drogas ilegais ou álcool, mesmo que essas substâncias tragam apenas um alívio momentâneo? Talvez você seja um dos muitos que esperam encontrar a felicidade por meio de objetos materiais, poder ou outras pessoas, apenas para se viciar na necessidade de obter mais – mais poder, mais relacionamentos e mais coisas. Você pode estar procurando, procurando, procurando, mas nunca encontrando.

Talvez você tenha sido bem treinado em habilidades eficazes de enfrentamento. Isso pode ser muito útil, pois enfrentar é certamente melhor do que não enfrentar. No entanto, traz apenas alívio temporário até que surja o próximo problema. Enfrentar é como tirar a água quando você não sabe como tapar o buraco no barco. (Claro, tirar a água é muito melhor do que afundar.) A boa notícia é que os quatro princípios mostram como tapar o buraco, como consertar o barco novamente. Você não precisa aprender a *lidar* com o estresse ou a ansiedade. Você pode eliminar esses estados mentais sempre que quiser.

Em seu livro *The Book of Secrets: Unlocking the Hidden Dimensions of Your Life*,[2] Deepak Chopra diz isso de forma muito simples: "Mantenha diante de você a visão de libertar sua mente e espere que, quando conseguir fazer isso, você será saudado por uma corrente de alegria".

Como temos sistemas de pensamento bem estabelecidos, é normal ficarmos presos a velhas programações e nos perdermos em nossas ilusões. É por isso que o mapa do tesouro, oferecido pelos quatro princípios, é um presente tão libertador. Sempre podemos encontrar o caminho de volta para casa – para nossos bons sentimentos inerentes e orientação interior.

A maioria das pessoas precisa ser constantemente lembrada de que *compreender* os princípios não significa que elas nunca sairão do curso para alguma forma de infelicidade. Isso significa que elas logo perceberão que estão fora do curso e podem usar o mapa do tesouro a fim de redirecioná-las para a rota de seus bons sentimentos inerentes sempre que estiverem prontas. Como qualquer mapa usado com frequência, a direção logo se torna tão natural que fica mais fácil encontrar o caminho mesmo sem um mapa.

No entanto, assim como os desvios podem afastá-lo de uma estrada familiar, você pode se encontrar em um desvio de sua sabedoria interior com bastante frequência. Um sistema de pensamento é muito mais complexo do que um sistema rodoviário. Barrancos e buracos (velhas decisões e crenças enterradas) podem enganá-lo e desviá-lo.

---

2   Chopra, Deepak, *The Book of Secrets: Unlocking the Hidden Dimensions of Your Life*, Random House, New York, NY 2004.

Talvez você não esteja realmente sendo desviado; pode ser parte de um plano perfeito experimentar a separação da serenidade para que você possa aprender mais lições de vida. Quando você *se perder*, o mapa do tesouro o ajudará a encontrar o caminho de volta para casa com um bônus: crescimento pessoal e espiritual. Uma das razões para revisar este livro é que aprendi a apreciar o valor das lições e presentes que podem ser encontrados nos *desvios*.

Tenho certeza de que você notou que algumas pessoas ficam muito bravas quando precisam fazer um desvio na estrada. Outras veem os desvios como uma aventura e uma oportunidade de descobrir algo novo. As pessoas que não encontram presentes e lições em suas experiências de vida geralmente ficam com raiva, deprimidas ou agem como vítimas. A vida se torna uma questão de enfrentamento, em vez de uma oportunidade contínua de alegria e descoberta.

Embora os sentimentos positivos sejam inerentes a todos, a vida apresenta muitas lições para aprendermos. Depois de entender isso, você pode estar aberto para as lições em vez de ficar paralisado pelo medo, ansiedade ou raiva quando encontrar oportunidades de aprendizado. Nos próximos capítulos você aprenderá a ver os problemas como amigos com maravilhosas mensagens de vida. À medida que você aprende a reconhecer essa possibilidade, o medo, a ansiedade e a raiva desaparecem enquanto as mensagens permanecem.

A *compreensão* dos quatro princípios serviu como um maravilhoso mapa do tesouro em minha vida e na vida de amigos, pacientes e outras pessoas que passaram a *compreendê-los*. Mesmo quando nos perdemos em nossos sistemas de pensamento por um tempo, há a sensação de saber que simplesmente fizemos um desvio ao levar nossos pensamentos a sério por um tempo. Não ficamos muito tempo no desvio quando percebemos o que estamos fazendo. Quanto mais desfrutamos de nossos bons sentimentos naturais, menos tolerantes nos tornamos com os estados estressantes de nossos sistemas de pensamento.

Se *parecemos* presos por longos períodos de tempo, sabemos que podemos precisar de ajuda para curar algumas crenças profundamente enraizadas (embora imprecisas) baseadas em alguns pensamentos e decisões do passado que estão além de nosso conhecimento. No entanto, todos os processos de cura são aprimorados quando baseados na *compreensão* dos quatro princípios.

No poema a seguir, Sue Pettit capturou o que acontece quando nos reconectamos com nossos corações:

Voltando para casa[3]

> Voltando para a paz e para o sossego.
> Voltando para os sentimentos calorosos.
> Voltando para onde há plenitude,
>   onde o amor em mim nasceu.
> Voltar para casa é uma jornada simples,
>   não requer nenhum movimento da minha parte.
> Em vez de ouvir meus pensamentos,
>   ouço com o coração.

Se você estiver pronto para a alegria e a serenidade, os quatro princípios do funcionamento psicológico[4] servirão como um mapa do tesouro que o levará aos bons sentimentos inerentes. Este mapa do tesouro é um dos presentes mais valiosos que já recebi. Ajudou-me a descobrir o tesouro enterrado dentro de mim e a voltar a ele quando me *esqueço*. Tenho esperança que este mapa do tesouro o ajude a encontrar paz de espírito duradoura, alegria e serenidade dentro de si mesmo.

Boa caça ao tesouro!

---

3   Sue Pettit, *Coming Home*, disponível em The WV Initiative for Innate Health, Robert C Byrd Health Sciences Center, 1 Medical Center Drive, PO Box 9147, Morgantown, WV 26506-9147.

4   Originalmente formulado por Rick Suarez, Ph.D, and Roger C. Mills, Ph.D, *Sanity, Insanity and Common Sense: The Ground-breaking New Approach to Happiness* (New York: Ballantine, Fawcett Columbine, 1987.) Edição esgotada.

3

VOCÊ TEM MEDO DA SERENIDADE?

Muitos ficaram tão desconectados de seu estado natural de ser (alegria e serenidade) que na verdade têm medo disso. Alguns são capazes de pensar que a serenidade pode ser chata. Outros não querem serenidade porque preferem se apegar a seus dramas, sua raiva, presunção, depressão, mentalidade de vítima. Eles não *compreendem* que, subconscientemente, *acham* que obtêm alguns benefícios ao escolher viver de acordo com as crenças de seu sistema de pensamento, em vez da sabedoria de seus corações.

Outros acreditam que a única forma de ter serenidade é abrindo mão de tudo o que conquistaram, aprenderam ou desejam. Eles temem que a serenidade signifique abrir mão do controle. Se você perguntar: "Você prefere sentir paz ou raiva?", alguns escolherão sua raiva. Eles realmente acreditam que a vingança é melhor do que o perdão.

Se você tem alguma dessas preocupações ou crenças, você não *compreende* a serenidade. A serenidade não é o que você pensa – literalmente, como você verá no Capítulo 4.

Serenidade vem do latim *serenus*, que significa claro, sem nuvens, imperturbável. Não significa estagnação, nem significa passividade total. Na verdade, a serenidade é o berço da criatividade, sabedoria e produtividade significativa. E o que, você pode se perguntar, é produtividade significativa?

Isso depende do que você está ouvindo – seu ego (canalizado por meio de seu sistema de pensamento) ou seu eu verdadeiro (seu coração e sua alma). A produtividade norteada pelo ego leva, em última análise, ao vazio. "Isso é tudo o que existe?" A produtividade norteada pelo coração leva à alegria e ao contentamento.

Em vez de perder produtividade ao retornar ao seu verdadeiro estado de ser, você saberá exatamente o que fazer para satisfazer seus desejos e paixões mais profundos. Você não estará correndo por aí tentando preencher algum vazio impreciso. Você não terá nada a provar. Você não será mais um escravo do seu ego ou do ego dos outros. Você ouvirá os outros com interesse, mas não como uma medida de quem você é. Você vai parar de adorar o deus do "o que você pensa de mim?". Em vez disso, você terá a sabedoria de saber "O que é certo para mim?".

Acredito que seja o desejo natural do espírito humano viver em estado de gratidão, alegria, compaixão e serenidade. Quando você se reconectar ao seu coração, não ficará entediado. Você não passará o dia inteiro meditando na posição de lótus (embora considere alguma meditação muito útil e calmante). Você não estará em constante reclusão silenciosa. Em vez disso, você experimentará uma *compreensão* profunda de seu verdadeiro eu e de como conseguir tudo o que deseja por meio da *Lei da Atração*, conforme discutido no Capítulo 5.

Viver em estado de serenidade não significa que você nunca experimentará tristeza, decepção e outras emoções. Você vai – e seu coração e sua alma irão confortá-lo e ajudá-lo a *compreender* propósitos mais elevados e lições de vida em tudo o que acontece.

Às vezes você esquecerá tudo o que *sabe* e cairá novamente sob influência do seu ego, como eu ainda faço. Vou continuar a lembrá-lo disso porque a maioria das pessoas acha isso muito desanimador em vez de normal, considerando os hábitos de longa data que desenvolvemos ao viver a partir de nossos sistemas de pensamento. No entanto, uma vez que você *compreenda* o que está acontecendo, perderá sua tolerância ao estado mental do ego e não desejará permanecer lá por muito tempo.

É importante notar que sua alma não exige atenção, como faz o ego, de seu sistema de pensamento. No entanto, sua alma sempre estará ao seu lado quando você decidir se conectar. Em seu livro *A Hidden Wholeness: The Journey Toward an Undivided Life*, Palmer J. Parker[1] oferece uma bela metáfora que descreve a natureza da alma.

---

1   Parker, J. Palmer, *A Hidden Wholeness: The Journey Toward and Undivided Life*, Jossey--Bass, A Wiley Imprint, San Francisco, CA 2004, pp.58-59.

Que tipo de espaço nos dá a melhor chance de ouvir a verdade da alma e segui-la? Um espaço definido por princípios e práticas que honram a natureza e as necessidades da alma. Qual é essa natureza e quais são essas necessidades? Minha resposta se baseia na única metáfora que conheço que reflete a essência da alma enquanto honra seu mistério: a alma é como um animal selvagem.

Como um animal selvagem, a alma é forte, resiliente, engenhosa, esperta e autossuficiente: ela sabe como sobreviver em lugares difíceis. No entanto, apesar de sua força, a alma também é tímida. Assim como um animal selvagem, ela busca segurança no mato denso, especialmente quando outras pessoas estão por perto. Se queremos ver um animal selvagem, sabemos que a última coisa que devemos fazer é sair correndo pela floresta gritando para que ele saia. Mas, se nos sentarmos pacientemente na base de uma árvore, respirarmos com a terra e desaparecermos em nosso ambiente, a criatura selvagem que procuramos pode aparecer.

Acredito que a alma está ansiosa para se mostrar sempre que estivermos prontos, mas não exigirá atenção. São as ilusões de nossos sistemas de pensamento (na forma de medo, ansiedade, julgamento) que exigem atenção até que as *compreendamos* e as deixemos ir.

Não muito tempo atrás, experimentei uma perda financeira importante. Meu estômago deu um nó por várias horas. No passado isso teria levado a um medo prolongado, autoflagelação por meus erros e depressão. Em vez disso, não demorou muito para que eu me lembrasse de minha *compreensão* dos princípios deste livro e sentisse gratidão em vez de depressão. Parei de me concentrar em minha perda e me concentrei em minhas muitas bênçãos, então logo experimentei meu estado natural e alegre de ser.

Confesso que já tive medo da serenidade. Meu ego lutou pela sobrevivência. No entanto, perdi minha tolerância para me sentir *mal* e rapidamente uso minha bússola de sentimentos para me guiar na direção de pensamentos que me fazem sentir bem. Serei eternamente grata pelos princípios que me ensinaram a *compreender* quem eu realmente sou. Estou ansiosa para compartilhar esses princípios com você.

4

PRINCÍPIO DO PENSAMENTO COMO UMA FUNÇÃO

Finalmente estamos aqui. Você leu um zilhão de referências ao seu sistema de pensamento e agora é hora de falar sobre como ele é formado e como usá-lo como seu servo em vez de seu mestre. A primeira pergunta que precisamos fazer é: "O que é um pensamento?".

Um pensamento é algo que você pensa. Não é a realidade, mas cria a *sua* realidade. Os pensamentos são ilusões, mas têm o poder de criar tristeza ou alegria. Um pensamento é pura energia e atrai a mesma energia, conforme discutido mais adiante no Capítulo 5. Os pensamentos têm o poder de destruir o mundo ou de criar paz no mundo.

A próxima pergunta é: "Como algo com tanto poder pode ser tão mal interpretado?".

Parece ser um segredo bem guardado que pensar é uma função, não uma realidade. *Compreender* que pensar é uma função (ou uma habilidade) é a chave para *compreender* tudo mais na vida.

Você pode estar pensando: "Isso não é segredo. Todo mundo sabe que pensar é uma função". Na verdade, muito poucas pessoas realmente *compreendem* esse princípio. Em vez disso, elas acreditam que o que elas pensam é a realidade. Em sua maioria agem como se fossem receptores passivos ou vítimas de seus pensamentos, em vez de criadores de seus pensamentos.

Eu amo o adesivo que adverte *não acredite em tudo que você pensa*. A maioria das pessoas o faz; e, quando fazem, tornam-se servos de seus sistemas de pensamento, em vez de mestres de sua capacidade de raciocínio.

No filme *2001*, cientistas criam um computador muito sofisticado para sua missão espacial. Esse computador tem tantas qualidades humanas que é chamado de Hal. Hal é um servo incrível até que *ele* desenvolve a qualidade humana de um ego. Então Hal deixa de ser um servo e assume a nave.

Hal oferece uma excelente metáfora para o que fazemos como seres humanos. Nascemos com um cérebro notável que pode ser um servo incrível. No entanto, por meio do condicionamento de nossa infância, nossas culturas e nossas percepções e decisões pessoais, criamos um sistema de pensamento programado. O problema começa quando esquecemos que o criamos e permitimos que ele se torne nosso mestre. A trama se complica quando nem sabemos que nos tornamos servos dos pensamentos que criamos. Tornamo-nos aliados ou vítimas da miséria que muitas vezes é causada quando acreditamos em nossos pensamentos como realidade. Nós acreditamos neles apenas quando não *compreendemos* que pensar é uma função, não uma realidade, e permitimos que nossos pensamentos programados bloqueiem nossos bons sentimentos naturais.

Nossos testes mostram que você é alérgico a seus pensamentos negativos.

Esse cartum é engraçado porque é verdade. Somos todos alérgicos aos nossos pensamentos negativos. Quando você realmente *compreender* isso, parará de levar a sério seus pensamentos negativos. Saberá que eles são apenas pensamentos.

Você pode estar se perguntando: "Mas o que vai acontecer se eu não pensar, ou se eu não levar nada do que penso a sério?". Pensar não é o problema. A fonte do seu pensamento pode ser o problema. Quando parar de levar a sério os pensamentos e crenças que formou no passado, você usará sua capacidade de pensar para experimentar todos os pensamentos positivos que se formam naturalmente a partir de sua sabedoria interior (e *Consciência Universal*).

O cérebro como um computador

O cérebro é como um computador (na verdade não, mas você vai entender) que requer um *software* para ser útil e uma pessoa que entenda como operá-lo. Usar seu sistema de pensamento programado é o mesmo que usar um *software* antigo e desatualizado cheio de *bugs*. E pode ser tão frustrante quanto tentar operar um computador sem entender os princípios básicos ou ler as instruções. Ambos produzem resultados insatisfatórios, para dizer o mínimo. Agora você está lendo um manual de instruções para entender os princípios que podem ajudá-lo a eliminar ou ignorar *softwares* antigos e desatualizados em seu sistema de pensamento.

Muitas pessoas não percebem que seus pensamentos e crenças do passado não são *elas*, assim como o *software* não é o computador. Já vi várias versões de desenhos animados mostrando uma pessoa quebrando um computador porque ele não *funcionava* direito. Quando levamos a sério nossos pensamentos e crenças ilusórios, estamos usando tanto bom senso quanto o personagem de desenho animado. Esquecemos que não são nossos corações e almas que estão cheios de *bugs*. São nossos sistemas de pensamento que estão cheios de *bugs*, e nós nos destruímos em vez de consertar nosso *software*. A parte maravilhosa dessa analogia é que a simples consciência (compreensão) é tudo de que precisamos para consertar nosso *software* – de modo a eliminar os *bugs* que nos impedem de experimentar nossa alegria inerente.

Se você é como muitos que ouvem esse princípio pela primeira vez, sua mente pode estar enlouquecendo agora porque você está tentando descobrir a partir de seu sistema de pensamento, em vez de seu coração. Como disse Einstein:

"Não podemos resolver problemas usando o mesmo tipo de pensamento que usamos quando os criamos".

Os bambambãs da tecnologia da informação sabem o que acontece quando tentam inserir novas informações em um programa de *software* não projetado para entendê-las: o computador emite um bipe e exibe mensagens de erro ou, pior ainda, "erro fatal". Um programa de *software* simplesmente não pode aceitar o que não foi projetado para aceitar.

Seu cérebro geralmente faz a mesma coisa com novas informações que podem ser muito úteis para você. Quando você tenta filtrar essas informações por meio de seu sistema de pensamento, ele emite um bipe e diz: "Errado!" Felizmente, você tem algo que um computador não tem – um coração cheio de sabedoria interior para deixá-lo saber quais novas informações são úteis para melhorar sua vida e seus relacionamentos e quais informações não são úteis. No entanto, você não tem acesso à sua sabedoria interior até descartar seu sistema de pensamento – o que acontece automaticamente quando você realmente *compreende* o princípio do pensamento como uma função. Ignorar seu sistema de pensamento não deixa um vazio; ele limpa seu canal para sua sabedoria interior, de modo que sua capacidade de raciocínio possa ser usada para expressar seus bons sentimentos naturais e as mensagens de seu coração.

Como assim você não aceita programação negativa?

Ao contrário do computador que não aceita programação negativa, nosso cérebro aceita. Outra grande diferença entre humanos e computadores é que os computadores não podem funcionar sem *software*. Os seres humanos funcionam melhor sem seus sistemas de pensamento programados.

Software pessoal (seu sistema de pensamento programado)

O *software* de computador é escrito por pessoas com conhecimento de linguagem de computador. A indústria de computadores está crescendo rapidamente à medida que o conhecimento aumenta e as aplicações se multiplicam. O *software* antigo é descartado conforme o *software* aprimorado é projetado. Não seria maravilhoso se jogássemos fora nosso *software* antigo quando ele se tornasse obsoleto? Na verdade, é isso que acontece quando descartamos nossos sistemas de pensamento e vivemos com base em nossos corações. No entanto, há uma razão pela qual às vezes não descartamos nossos sistemas de pensamento ou porque nem sempre dura quando o fazemos.

A maior parte de nossos sistemas de pensamento programados foi criada quando éramos muito jovens e carentes de conhecimento. Começamos cedo a criar um sistema de pensamento composto de nossas próprias percepções e interpretações, bem como dos pensamentos que aceitamos dos outros. Tínhamos muita confiança quando éramos jovens, geralmente acreditando no que qualquer um nos dissesse. Infelizmente, muito do que nos foi dito consistia em crenças passadas de geração em geração.

Muitas das crenças transmitidas estavam cheias de *"você deve"* e *"você não deve"* que continham julgamentos de valor ou inutilidade. Disseram-nos como *deveríamos* ser para ser amados e ter sucesso. Também nos disseram como os outros *deveriam* ser e como a vida *deveria* ser. Nós, os outros e a vida quase nunca nos encaixamos nessas crenças, então vivemos com uma sensação de fracasso, pseudossucesso, ansiedade, estresse ou decepção com nós mesmos, com a vida e com os outros. Isso não foi feito de forma maliciosa; nossas famílias e amigos não transmitiriam crenças problemáticas se soubessem o que estavam fazendo. Sem um conhecimento melhor, eles próprios aceitaram as crenças que lhes foram transmitidas quando eram jovens.

Em seu livro *A Return to Love* (Um retorno ao amor), Marianne Williamson confirma o que acontece quando esquecemos que criamos nossos próprios sistemas de pensamento e egos por meio de crenças equivocadas próprias ou de outras pessoas:

> O pensamento separado do amor é uma profunda criação errônea. Seu próprio poder voltou-se contra nós mesmos... O ego tem uma pseudovida própria e, como todas as formas de vida, luta arduamente por sua sobrevivência. O ego é como um vírus no computador que ataca o sistema central.[1]

Nem todas as crenças transmitidas são prejudiciais. Muitas vêm do coração e são inerentes às crenças de cada cultura: amor, gratidão, perdão. Essas crenças poderiam ser vividas puramente se não fossem contaminadas por crenças e julgamentos defeituosos do sistema de pensamento. É o sistema de pensamento que muda *o espírito da lei* para *a letra da lei*.

Isso não significa que o sistema de pensamento seja *ruim*. Nossos sistemas de pensamento contêm informações e habilidades úteis, como leitura, escrita, aritmética, nomes, números de telefone e outras informações úteis que podem tornar a vida mais fácil e agradável. Essas informações são factuais e não criam emoções negativas; nós as usamos para nosso benefício e não contra nós mesmos.

Outra razão pela qual o sistema de pensamento não é *ruim* é que você não conseguiria se lembrar dos rostos daqueles que ama sem ele. Seu sistema de pensamento também retém informações sobre o que é bom e o que não é bom. O truque é usar sua capacidade de pensar para descartar pensamentos problemáticos e aproveitar os pensamentos que o fazem sentir-se bem.

Todas as experiências são filtradas pela função do pensamento. Encontramos problemas quando criamos um sistema de pensamento cheio de velhas percepções e decisões que atuam como filtros para nos impedir de viver a vida no momento. Pensamos que essas velhas crenças são realidade e paramos de ouvir as mensagens de nossos corações. Nossos bons sentimentos naturais não podem passar. O princípio do pensamento como uma função nos ajuda a *compreender* quando nossos sistemas de pensamento

---

1 Marianne Williamson, *A Return to Love* (New York: Harper Paperbacks, 1992), p.35.

estão nos servindo e quando estão nos prejudicando. Quando *compreendemos*, podemos contornar nossos sistemas de pensamento e deixar fluir os bons sentimentos. Albert Einstein disse assim:

> "A mente intuitiva é um dom sagrado; a mente racional, um servo fiel. Criamos uma sociedade que honra o servo e esqueceu o dom".

O que você pensa é o que você recebe

Ficamos livres da tirania de nossos sistemas de pensamento quando *compreendemos* que o que pensamos determina o que vemos – embora muitas vezes cometamos o erro de acreditar, de maneira invertida, que o que vemos determina o que pensamos. Há um ditado popular que diz: "Acreditarei quando vir". Mas a verdade está refletida no título de um livro de Wayne Dyer, *You'll See it When you Believe It* (Você verá quando acreditar).[2]

Se parece que estou falando sem parar sobre esse princípio, é porque eu sei que pode ser o mais difícil de *compreender*. A maioria das pessoas tenta descobrir isso a partir de seus sistemas de pensamento programados. Os filtros de seus sistemas de pensamento criaram as distorções em primeiro lugar, então é impossível ver as coisas de forma diferente através da mesma perspectiva. Assim, estou dizendo a mesma coisa repetidas vezes, de maneiras diferentes, na esperança de que você *ouça com o coração* e que uma das explicações passe pelos filtros do seu sistema de pensamento e alcance sua sabedoria interior, onde todas as grandes descobertas e novos aprendizados acontecem.

Já que temos tanto a ganhar, por que é tão difícil nos conectarmos com nossos corações (antes que se torne fácil)? David Hawkins diz:

> O processo de alcançar a sabedoria é lento e doloroso, e poucos estão dispostos a abrir mão de visões particulares (mesmo que sejam imprecisas); a resistência à mudança ou ao crescimento é considerável. Parece que a maioria

---

2   Wayne Dyer, *You'll See It When You Believe It* (New York: William Morrow, 1989).

das pessoas prefere morrer a alterar os sistemas de crenças que as confinam a níveis inferiores de consciência...[3]

Você conhece pessoas que preferem morrer a desistir de suas crenças – que preferem permanecer na masmorra de sua prisão de percepção a viver com alegria? Isso poderia ser dito a seu respeito?

Olhar para a vida através do seu sistema de pensamento programado pode ser o mesmo que olhar para o mundo através de óculos extremamente escuros rotulados como "julgamento", "culpa", "expectativas", "orgulho", "ego", "raiva", "você deve" e outras formas de insegurança baseadas em pensamentos distorcidos. Esses óculos são como tapa-olhos e filtros que destroem sua visão da vida. A distorção pode se tornar sua realidade e excluir todo o resto, inclusive a verdade.

Você está se perguntando: "Qual é a verdade?". A verdade é o que você vê quando tira os óculos escuros (descarta seus pensamentos) e acessa a sabedoria do seu coração.

Você já percebeu como tudo fica diferente quando você substitui o julgamento pela compaixão, as reclamações pela gratidão e o ódio pelo amor? Sempre que tiver algum sentimento negativo, você pode reconhecer

---

3   David R. Hawkins, M.D., Ph.D. *Power VS. Force: The Hidden Determinants of Human Behavior* (Hay House, Inc., Carlsbad, CA 2002) p.235.

que está usando um de seus óculos escuros. Assim que você os tirar (descartar seus pensamentos), sua realidade mudará.

Às vezes você pode estar ciente de que está olhando o mundo através daqueles óculos escuros, mas parece que não consegue largá-los porque parecem grudados com supercola. Pode parecer que você está preso em seu sistema de pensamento. Saber o que está acontecendo, mesmo quando você não consegue sair disso, reduz tremendamente a estagnação. Apenas pensar em sua estagnação e levá-la a sério, ficar obcecado com isso ou se culpar, permite que ela persista e piore. Ajuda simplesmente perceber o que está acontecendo e esperar que passe, em vez de se preocupar com isso. Pode ajudar dar um passeio, ler um bom livro, meditar ou tirar uma soneca. Isso pode ser difícil de fazer se você levar seus pensamentos com você. É calmante quando você sabe que está simplesmente esperando que os pensamentos passem.

Não é questão de certo ou errado

Vale a pena repetir que *compreender* o princípio do pensamento como uma função não implica que haja uma maneira certa ou errada de pensar. *Compreender* o princípio simplesmente ensina a você as muitas possibilidades que vêm do pensamento.

Seu sistema de pensamento não é *pior* porque a Califórnia é *ruim* quando você preferiria morar na Flórida. Na verdade essa não é a melhor analogia, porque seu ego e seu sistema de pensamento fazem parte de você. Dizer que eles são ruins seria dizer que você deve se julgar e lutar consigo mesmo. O objetivo deste livro é eliminar o julgamento e a guerra (mesmo as guerras internas) ou o que quer que lhe cause estresse e sofrimento.

Em vez de pensar em termos de certo e errado, ou bom e mau, pense em termos de *preferência* e *compreensão*. Você prefere o estresse (sentir-se mal) ou prefere a serenidade (sentir-se bem)? Essa pergunta não é tão boba quanto parece. É aqui que entra a *compreensão*. Quando você *compreende* que a fonte do seu pensamento (seu coração ou seu sistema de pensamento) determina seu estado de espírito e seu ser, pode escolher sua preferência. Às vezes é muito simples. *Se você não gosta do que está pensando, pare de pensar nisso.* Use sua capacidade de pensar para processar os pensamentos que vêm do seu coração e você se sentirá bem.

Mais uma vez, admito que nem sempre é fácil. Eu costumava ficar obcecada com certos pensamentos – mesmo quando *sabia* que não devia. Quando finalmente me sentia suficientemente arrasada ou perdia o sono o suficiente, eu me lembrava de parar de ouvir meu sistema de pensamento e passava a ouvir meu coração. Então, eu *via* as coisas de maneira muito diferente e recuperava minha alegria e serenidade. Minha *compreensão* agora se aprofundou a ponto de não alimentar pensamentos negativos por muito mais tempo do que alguns minutos. Seja paciente consigo mesmo e aproveite a jornada. Todas as suas experiências levam – por fim – a uma maior compreensão.

Quatro estados de pensamento

Ao aprender pela primeira vez sobre o princípio do pensamento como uma função, muitas pessoas se encontram em variações dos seguintes estados de pensamento.

Quatro estados de pensamento

1. Ficar preso em seus pensamentos e levá-los a sério.
2. Ficar preso em seus pensamentos mas não levá-los tão a sério por *compreender* que são apenas pensamentos.
3. Estar em repouso. Ignorar seus pensamentos e ficar quieto para esperar a inspiração da sabedoria interior.
4. Inspiração – quando você está experimentando a vida com o coração e a alma.

Você pode se encontrar em diversas variações desses estados de pensamento ao longo do dia. *Compreender* o princípio do pensamento como uma habilidade permite que você saiba o que está acontecendo.

A consciência convida à mudança

Quando *compreender que* o seu sistema de pensamento programado é um filtro, você será capaz de contorná-lo, exceto para fazer visitas curtas ocasionais. Quando *compreender* o que acontece quando você está lá, não desejará permanecer em seu sistema de pensamento por muito tempo. Cada visita simplesmente confirmará que aquela forma de pensar do sistema de pensamento não produz felicidade e paz de espírito. Ficar preso nos estados 1 ou 2 pode indicar que você tem alguma cura a fazer. Pensamentos subconscientes de cura serão discutidos em capítulos posteriores.

Lembre-se de que pensar é um dom por meio do qual você experimenta a beleza da vida. Você está quase sempre pensando. A *compreensão* o ajuda a descartar os pensamentos que criam problemas em sua vida, para que você possa experimentar aqueles pensamentos que vêm do seu coração e que lhe permitem viver com amor, alegria e serenidade.

5

PRINCÍPIO DOS SENTIMENTOS COMO UMA BÚSSOLA

Seus sentimentos servem como sua bússola pessoal, informando onde você está no mapa do tesouro para a alegria e a serenidade. Sentimentos positivos e incondicionais (alegria, contentamento, amor, compaixão, admiração, gratidão) permitem que você saiba que está experimentando a vida com o coração e a alma. Sentimentos negativos permitem que você saiba que está fora do seu caminho, ou seja, está no seu sistema de pensamento programado.

A origem dos sentimentos

Ações e bons sentimentos incondicionais fluem naturalmente de seu coração e alma. Os sentimentos vêm primeiro e depois são experimentados por meio da função do pensamento. Sentimentos negativos são experimentados quando você involuntariamente acessa velhas crenças armazenadas em seu sistema de pensamento. *Em outras palavras, se o sentimento vem primeiro, é do coração; se o sentimento vem em segundo lugar, pode ser do sistema de pensamento.*

Por exemplo, você vê um bebê recém-nascido e seu coração se enche de admiração. O sentimento de admiração vem primeiro e depois é processado por meio de sua função do pensamento. Por outro lado, você pode ter pensamentos de medo sobre as condições negativas do mundo. Você vê um bebê recém-nascido e fica triste com o que essa pobre criança terá que viver. Seus pensamentos criam seus sentimentos. É típico que os sentimentos negativos sejam baseados em medos do passado ou medos do futuro. Bons sentimentos naturais são um produto de *estar* aqui e agora. (Eu gostaria de ter mais palavras para descrever sentimentos. Um sentimento que é desencadeado em seu subconsciente pode parecer vir primeiro, mas é baseado em pensamentos de seu passado que formaram uma crença armazenada em seu subconsciente.)

Logo depois de aprender isso, tive uma experiência que ilustra como os pensamentos criam sentimentos. Durante um seminário de uma semana em que estava aprendendo sobre os princípios, liguei para casa para saber como meus filhos estavam. Fui informada de que meu filho de 13 anos havia sido suspenso da escola.

Foi assim que ele contou a história: "Achei alguns cigarros no meu armário. Eu não sei como eles foram parar lá. Eu estava colocando-os no bolso para entregar à diretora quando passou uma professora e me levou para a diretoria".

Meus pensamentos enlouqueceram por alguns minutos (na verdade, criei pensamentos malucos): "Ele está mentindo para nós".

Eu sou um fracasso como mãe. Se ele está fumando, provavelmente também está usando álcool e drogas. Ele vai arruinar sua vida. O que as pessoas vão pensar? Fiquei muito chateada, então minha bússola de sentimentos deixou bem claro que eu estava no modo pensamento automático e não estava vendo as coisas com clareza. Descartei minha bússola de sentimentos em vez de meus pensamentos e usei mais pensamentos para enterrar minha sabedoria interior: "Sim, mas isso é diferente. Essas são circunstâncias realmente terríveis sobre as quais não tenho controle. Como eu poderia vê-las de forma diferente? Vou ter que repreendê-lo severamente, castigá-lo por pelo menos um mês, tirar todos os seus privilégios e deixá-lo saber que está arruinando sua vida". Felizmente, eu tinha muita fé nos princípios para levar esses pensamentos a sério por muito tempo e a inspiração veio rapidamente à tona. Então, vi as circunstâncias de maneira completamente diferente e senti compreensão e compaixão pela visão de meu filho sobre a situação. Ele tinha acabado de entrar no ensino médio, onde a pressão é enorme para seguir o que os outros fazem em vez de seguir o bom senso.

Quando cheguei em casa, ouvi meu coração e soube o que fazer. Sentei-me com meu filho, coloquei o braço em volta dele e disse: "Aposto que é difícil descobrir como dizer não a seus amigos para que você não seja chamado de *nerd* ou desmancha-prazeres". Ele esperava minha loucura habitual e mal sabia como responder à minha sanidade.

Hesitando, ele disse: "Sim".

Eu continuei: "E aposto que a única razão pela qual você mentiria para nós é porque você nos ama tanto que não quer nos decepcionar".

Lágrimas encheram seus olhos, e ele me deu um abraço. Com lágrimas nos olhos também, eu o tranquilizei: "Se você acha que poderia nos desapontar o suficiente para diminuir nosso amor, então não estamos fazendo um trabalho bom o suficiente para mostrar o quanto o amamos, incondicionalmente".

Eu sei que algumas pessoas ficam furiosas ao pensar que isso foi tudo que eu fiz. Eu sei porque já estive nesse lugar. "Você simplesmente o deixou escapar dessa? Você sabe que ele estava mentindo; não o puniu? Como vai controlar o comportamento dele sendo tão covarde?"

Só podemos imaginar quais seriam os resultados se eu tivesse seguido meus pensamentos malucos para interagir com meu filho. Meu palpite é que minha loucura eu teria inspirado mais rebeldia em vez de proximidade. Em meu coração, sei que é uma ilusão pensar que posso controlar o comportamento de meu filho. O melhor que posso esperar é influenciá-lo de maneira positiva. Minha sabedoria interior me permite saber que ele tem o direito de viver sua própria vida e aprender suas próprias lições. Sei que ele terá uma chance muito melhor de experimentar sua sabedoria interior se sentir meu amor incondicional em vez da necessidade do meu ego de julgá-lo e controlá-lo.

Sou eternamente grata pelo princípio de usar meus sentimentos como uma bússola para me avisar quando estou *fora dos trilhos*. Sempre que me sinto chateada, zangada, crítica, desapontada ou qualquer outra emoção negativa, sei que meus sentimentos estão sendo criados por pensamentos que estou levando a sério. Assim que reconheço isso e rejeito os pensamentos, sou preenchida pelos meus bons sentimentos inerentes e a sabedoria interior flui.

Descartar pensamentos negativos não é o mesmo que enfiar a cabeça na areia. É mais como tirar tapa-olhos e filtros para que você possa ver a situação com o coração. Às vezes o problema desaparece junto com os pensamentos negativos. Outras vezes o problema ainda pode estar lá, mas você é capaz de vê-lo de maneira diferente e enxergar soluções com sua sabedoria interior.

QUADRO DA BÚSSOLA DE SENTIMENTOS

Coração e alma	Sistema de pensamento
Alto nível de consciência	Baixo nível de consciência
Segurança	Insegurança
Amor	Ódio ou indiferença
Serenidade e alegria	Estresse e enfrentamento
Produtividade vinda da alegria e paixão	Produtividade estressante em busca da felicidade ou para provar o valor próprio
Compaixão	Julgamento
Contentamento	Querer mais, melhor, diferente
Sabedoria	Regras ("Você deve" ou "Você não deve")
Perdão	Culpa, raiva, arrogância
Gratidão	Não reconhece milagres
Inspiração	Crenças
Paz de espírito	Depressão e/ou ansiedade
A beleza do agora	Orientação para o passado ou para o futuro
Sentimentos positivos naturais	Pensamento positivo
Lei da Atração	Lei da Atração

O Quadro da Bússola de Sentimentos ajudou muitas pessoas a usarem seus sentimentos para aumentar sua *compreensão*. Esse quadro oferece uma representação gráfica dos sentimentos e condições que você experimenta provenientes de seu coração e alma e aqueles que você experimenta ao acessar seu sistema de pensamento programado. Em poucas palavras, você se sente bem quando os pensamentos vêm do seu coração e pode se sentir mal quando os pensamentos vêm do seu sistema de pensamento.

Tente adicionar outras palavras às colunas do quadro. Uma palavra como *responsabilidade* parece dever ou compulsão quando acrescentada à coluna do sistema de pensamento. A responsabilidade parece natural e fácil quando adicionada à coluna do coração e da alma. Observe como *sexo* fica diferente em cada uma das colunas, ou *caridade, força, doação, disciplina, ensino, controle, desejo* ou qualquer outro conceito que você possa imaginar.

Observe o que acontece quando você pega algumas das palavras da coluna do coração e da alma e as adiciona à coluna do sistema de pensamento. *Amor* e *perdão*, por exemplo, não têm o mesmo sentimento quando trocadas. Você já experimentou a contaminação do amor quando adicionou expectativas e julgamentos? Você já se sentiu hipócrita ao perdoar?

Mais uma vez, quero esclarecer que não estou dizendo que nada disso está errado. *Compreender* os princípios lhe dá uma orientação de onde você está; não diz onde você *deveria* estar. Já mencionei que existem dons a serem encontrados e lições a serem aprendidas com as experiências que vêm através de seu sistema de pensamento, conforme discutido mais adiante no Capítulo 9.

Pensamento positivo

Você já se perguntou por que o pensamento positivo está na coluna do sistema de pensamento? Na verdade o pensamento positivo pode estar em qualquer coluna, mas quero deixar uma coisa clara. O pensamento positivo que requer esforço vem do seu sistema de pensamento programado. Envolve tentar mudar os pensamentos em vez de descartá-los e permitir que sentimentos positivos naturais venham à tona automaticamente.

O pensamento positivo que exige esforço é melhor do que o pensamento negativo, a menos que seja condicional: "Só serei feliz se tiver pensamentos positivos" ou "Sou um sucesso quando penso positivamente e um fracasso quando não penso". Esse tipo de *pensamento positivo* gera estresse e insatisfação. É verdade que você será feliz se tiver pensamentos positivos, mas, quando pensamentos positivos vêm de seu coração, eles são naturais e fáceis.

A Lei da Atração

Você notará que a *Lei da Atração* é a única frase exatamente igual em ambas as colunas. Isso ocorre porque a lei da atração se aplica tanto quando vem do seu coração e alma quanto do seu sistema de pensamento. Você atrai para sua vida exatamente a energia que envia para o *Universo* – seja ela negativa ou positiva. Isso foi dito de várias maneiras ao longo dos tempos, por exemplo: *você colhe o que planta.*

Conforme discutido no Capítulo 4, os pensamentos são energia. A energia de seus pensamentos vibra através de seus sentimentos. Essas vibrações vão para o *Universo* e atraem vibrações semelhantes. Você recebe de volta o que envia. Quando você envia pensamentos e sentimentos negativos, é isso que você recebe de volta. Quando você envia pensamentos e sentimentos positivos, é isso que você recebe de volta. A lei da atração dá um significado mais profundo à importância de descartar pensamentos que criam negatividade e permitir que sentimentos positivos venham à tona e atraiam mais energia positiva do *Universo.*

Se você ainda não viu o filme *The Secret* (O Segredo),[1] eu o recomendo fortemente. Esse filme está mudando a vida de muitas pessoas (inclusive a minha). Acrescenta tudo o que sei sobre os quatro princípios discutidos neste livro.

Esse filme mudou meu pensamento (e, portanto, meus sentimentos) sobre o estabelecimento de objetivos. No passado, resisti a estabelecer objetivos porque parecia adicionar "Você deve" e pressão à minha vida. Tive a sorte de *atrair* muitas oportunidades para minha vida. Eu *pensei* que mais objetivos seriam demais para mim.

Depois de assistir *O Segredo* e aplicar a lei da atração aos quatro princípios, vivenciei os objetivos de forma completamente diferente. Existe um princípio inerente à lei da atração que ajuda você a ficar fora do seu sistema de pensamento – o fato de que você não precisa descobrir como atingir os objetivos que vêm de sua paixão interior. O *Universo* proverá. Você atrairá ideias e/ou pessoas que o ajudarão a atingir esses objetivos.

Ao compreender que metas não precisam incluir pressão, fiz uma meditação e me diverti pensando em metas magníficas. Então, simplesmente abandonei todos esses objetivos e desisti de todo apego – acreditando que aqueles que voltassem para mim estariam alinhados com minha alegria interior, e não com meu sistema de pensamento. Todos eles voltaram para mim com uma sensação de diversão e prazer, em vez de estresse e pressão. Tenho recebido ideias e oportunidades que me mostram que é muito pos-

---

1   www.thesecret.tv

sível atingir esses objetivos. Eu teria *pensado* que eles eram impossíveis se tivesse deixado meu sistema de pensamento ficar no comando. Agir com base nessas ideias é divertido e empolgante, em vez de pesado e desanimador. É interessante notar que realmente não importa se eu atinjo ou não esses objetivos. Esse é o paradoxo da lei da atração. Quanto mais feliz você estiver no presente, maior a probabilidade de atrair mais felicidade e fazer as coisas que atrairão tudo o que você deseja.

Compreender a lei da atração me ajudou a obter uma *compreensão* mais profunda de como usar meus sentimentos como bússola. Estou seguindo os bons sentimentos de minha sabedoria interior e estou contente se esses objetivos são alcançados ou não. Meu décimo nono neto nasceu durante a conclusão deste livro, e minha sabedoria interior está me levando a diferentes objetivos – passar o máximo de tempo possível com ele durante seu primeiro ano de vida.

Todos os sentimentos negativos são ruins?

Assim como pensar não é ruim, todos os sentimentos negativos não são ruins? Novamente, isso envolveria um julgamento de seu sistema de pensamento. Sua bússola de sentimentos simplesmente lhe dá uma consciência de onde você está. (Entender a lei da atração conforme discutido anteriormente pode inspirá-lo a desistir de seus sentimentos negativos mais cedo – para que você não atraia mais do mesmo.) Consciência é muito diferente de julgamento. Você pode experimentar algo assim: estou me sentindo muito zangado agora. Posso continuar sentindo raiva e me sentir arrasado. Ou posso ouvir meu coração e ver as coisas de maneira diferente – e me sentir bem. Do fundo do meu coração, posso ver uma situação com compaixão – por mim e pelos outros. É incrível que, quando ouço meu coração, vejo o ponto de vista do outro e também meus próprios bloqueios baseados em algum medo ou ilusão falsa. Eu não tenho que *alimentar* meus sentimentos. Eles realmente mudam quando eu experimento o mundo a partir do meu coração. A sabedoria segue e eu sei o que fazer para ser amorosa e encorajadora para mim e para os outros.

Um alerta: muitas pessoas afirmam que estão apenas seguindo sua bússola de sentimentos quando fazem coisas negativas, como *extravasar* sua raiva ou dizer a outra pessoa que seus julgamentos sobre ela são *a verdade*. É para lá que seu sistema de pensamento o levará, não para o seu coração e sua sabedoria interior. Assim como o pensamento vem do sistema de pensamento ou do coração, os sentimentos também vêm do sistema de pensamento ou do coração. A *compreensão* desse princípio não significa que você nunca se sentirá triste, magoado ou com raiva; significa que você pode usar seus sentimentos como uma bússola para saber de onde vêm seus sentimentos. Quando você acessar seu coração, saberá o que fazer.

Todos os sentimentos positivos são bons?

Novamente, pensar em termos de bom ou mau requer um julgamento. A consciência simples é mais útil. É possível ter bons sentimentos do sistema de pensamento, mas eles podem ser condicionais e temporários. Você pode se sentir bem se ganhar na loteria, até descobrir que dinheiro não compra felicidade. Na verdade, você pode começar a sentir a ansiedade da ganância, o medo de perdê-lo, a alegria temporária (e a miséria final) de se concentrar apenas nas coisas materiais. Você pode se sentir bem   quando encontra seu *verdadeiro amor* até descobrir que muitos desses sentimentos foram baseados em expectativas e ilusões de seu sistema de pensamento. O verdadeiro amor é incondicional e eterno.

Às vezes você pode experimentar sentimentos de seu coração ou sabedoria interior que *parecem* semelhantes aos do sistema de pensamento. Embora semelhantes, são totalmente diferentes. Como exemplo, vou parafrasear algo que ouvi Wayne Dyer dizer em uma de suas palestras: "Me irrita e me entristece ver a fome no mundo, mas eu sei que tudo está na Ordem Divina. É perfeito que haja fome no mundo e é perfeito que eu queira fazer algo a respeito". Em vez de reclamar e delirar sobre a injustiça da fome, Wayne contribui regularmente para o World Hunger Fund e faz tudo o que pode para elevar a consciência mundial a um nível em que a fome não possa ocorrer.

Outros chamados sentimentos negativos podem vir do coração, mas o resultado será diferente. Você pode se sentir muito triste quando perde um ente querido. Porém, com a tristeza estará a gratidão pelo tempo passado com aquele ente querido. Você permitirá que a tristeza o ensine – talvez a desacelerar e desfrutar de outros entes queridos em sua vida ou honrar seu ente querido que partiu, vivendo a vida ao máximo.

Muitas pessoas experimentam a perda apenas a partir de seus sistemas de pensamento, que então se tornam prisões infernais. Pais que perderam um filho entram em depressão e negligenciam totalmente os filhos vivos. Cônjuges que foram abandonados vivem o resto de suas vidas com raiva, amargura ou buscando vingança. Eles não fariam isso se entendessem o poder de seus sistemas de pensamento e os dispensassem para que tivessem acesso à sabedoria de seus corações.

De certa forma, todos os sentimentos são bons e todos os pensamentos são bons quando você considera que tudo o que você pensa e faz oferece oportunidades de aprendizado e crescimento espiritual. Usar sua bússola de sentimentos pode diminuir o sofrimento do sistema de pensamento, ajudando você a reconhecer de onde vem seu pensamento.

Visualização e afirmações

A visualização e as afirmações podem ser muito úteis para superar a programação negativa do seu sistema de pensamento. A visualização pode ajudá-lo a reprogramar seu sistema de pensamento para ser seu servo em vez de seu mestre.

Como isso é diferente do pensamento positivo? Será diferente quando você buscar a sabedoria do seu coração para determinar seus desejos e propósitos de vida mais profundos e então usar a visualização desses desejos e propósitos para superar a programação negativa.

Também é diferente quando você *compreende* que pensar é uma função e não uma realidade. Você usa a função de pensar para lembrar números de telefone e princípios matemáticos. Por que não usá-la a fim de programar o poder de seus pensamentos para ajudá-lo a realizar objetivos e desejos determinados pelo coração?

Ouvir o seu coração é a chave. Conheço muitas pessoas que ouviram palestras motivacionais e se sentiram fracassadas porque não conseguiram realizar o que as pessoas motivadas fizeram. Eu tenho uma teoria sobre isso. As pessoas motivadas seguiram seus corações e suas paixões e alcançaram resultados surpreendentes. Muitas pessoas que ouvem as palestras não têm as mesmas paixões – elas só querem dinheiro, sucesso, fama. Elas experimentam estresse e desapontamento porque estão seguindo suas cabeças, não seus corações. Outros ouvem palestras de motivação para ajudá-los a encontrar suas próprias paixões e experimentar alegria e entusiasmo em vez de estresse e decepção.

Quando você estiver passando por algum estresse ou infelicidade em sua vida, pode ser útil dar uma olhada no Quadro da Bússola de Sentimentos. Permita que sua sabedoria interior o deixe saber quais pensamentos ou crenças da coluna da direita estão fazendo você se sentir mal. Assim que você "vê", essa *compreensão* pode permitir que você abandone esses pensamentos e acesse os sentimentos de seu coração. Amor, alegria, compaixão e sabedoria fluirão.

6

PRINCÍPIO DAS REALIDADES DISTINTAS

Outro segredo bem guardado é o fato de que todos vivem em uma "realidade distinta". Isso significa simplesmente que todos nós interpretamos as coisas de maneira diferente e que cada um de nós vê o mundo a partir de sua lógica particular. Novamente, isso não é realmente um segredo. Todos nós sabemos que vemos as coisas de modo diferente, mas tendemos a esquecer disso e a agir como se todos devessem pensar e sentir o mesmo que nós – ou melhor, como eu penso e sinto.

Um exemplo popular que demonstra o fato de realidades distintas é que todo mundo que vê um acidente o descreve de maneira diferente. A razão se torna óbvia quando *compreendemos* que todos veem o mundo através dos filtros de seu sistema de pensamento único e programado. Temos realidades distintas porque todos têm memórias, interpretações e crenças pessoais que agem como filtros através dos quais os eventos presentes são vistos. Quando vemos o mundo através desses filtros, é impossível ver o que *está* aqui e agora. Nós vemos o mundo pelos "olhos" da mente em vez dos "olhos" de nossos corações.

A maioria de nós já ouviu falar desse princípio, mas esquecemos de aplicar o que sabemos sobre realidades distintas em nossos relacionamentos e criamos todo tipo de problema sobre quem está certo; ou nos perguntamos por que os outros são tão estúpidos que não conseguem ver as coisas como nós.

Serenidade

Ouvir sobre realidades distintas e *compreender* esse princípio em um nível profundo não são a mesma coisa. Quando realmente *compreender* o fato das realidades distintas, você vai parar de gastar tanto tempo e energia tentando mudar a realidade dos outros. Em vez disso, você ficará curioso sobre a realidade deles. Você pode achar interessante ou surpreendente. Você pode não concordar, mas será respeitoso e/ou compassivo. No nível mais profundo de *compreensão*, você verá quem eles realmente são – puro amor. Até que tenha essa *compreensão*, você pode não querer gastar seu tempo perto de algumas pessoas porque a energia da realidade delas não é adequada para você. No entanto, você pode fazer essa escolha de maneira honrosa – tanto para a sua realidade como para a realidade dos outros.

Phil e Lisa experimentaram realidades distintas logo depois que se casaram. Phil era um *madrugador* que adorava acordar de madrugada cheio de energia e pronto para aproveitar o dia. Todas as manhãs, ele saltava da cama e cantava alto no chuveiro, esperando que Lisa acordasse. Ao vê-la ainda deitada, com as cobertas puxadas sobre a cabeça, ele se mexia ruidosamente na cama enquanto calçava os sapatos e as meias, pensando: "Se realmente me amasse, ela se levantaria e aproveitaria esse tempo comigo".

Lisa, totalmente aborrecida com o que lhe parecia *falta de consideração* da parte dele, pensava: "Se ele realmente me amasse, saberia que odeio acordar cedo, ficaria quieto e me deixaria dormir".

Eles frequentemente discutiam suas diferenças, mas nenhum realmente *ouvia* o outro porque estavam mais interessados em mudar um ao outro do que em se entender. Ambos se sentiam conversando com uma parede enquanto tentavam expor seus pontos de vista.

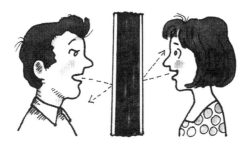

O que eles não percebiam é que estavam conversando com duas paredes – a parede de sua própria realidade e a parede da realidade do outro.

Os Natais eram um desastre. Quando Lisa era criança, todos em sua família ganhavam um presente muito bom e caro. Na família de Phil, todos se divertiam abrindo vários presentes baratos. Assim, Lisa comprava um presente caro e bonito para Phil, e Phil comprava vários presentes baratos para Lisa. Todo Natal eles se sentiam desapontados e incompreendidos – ambos pensando que o outro era estúpido demais para saber como realmente aproveitar o Natal.

Podemos achar Phil e Lisa engraçados por não verem que simplesmente poderiam resolver seus problemas respeitando suas realidades distintas, em vez de tentar mudar um ao outro. No entanto, quando lidamos com nossas próprias crenças preciosas, muitas vezes somos igualmente cegos.

Você já percebeu que é importante contar aos outros, especialmente àqueles que você ama, quando você acha que eles estão errados? Então você se pergunta por que eles não apreciam isso.

Bill costumava temer visitar seu pai porque eles acabavam com sentimentos ruins. Bill disse: "Passávamos todo o nosso tempo juntos discutindo sobre quem estava certo e quem estava errado. Eu certamente nunca iria admitir que estava errado porque parecia muito claro para mim que não estava. Papai não admitia que estava errado, embora eu fizesse todos os esforços para deixá-lo saber o quanto suas ideias eram antiquadas. *Compreender* realidades distintas foi uma dádiva de Deus para mim. Papai e eu não discutimos mais sobre nossas diferenças. Eu respeito a maneira como ele vê as coisas e sei que as veria da mesma forma se estivesse no lugar dele. Agora, simplesmente compartilhamos o amor e a gratidão que temos um pelo outro e aproveitamos a companhia um do outro".

Lembre-se, há uma diferença entre a compreensão de um nível intelectual (do seu sistema de pensamento) e a *compreensão* do seu coração. Quando você se esquece de realidades distintas, tende a levar tudo para o lado pessoal. Você pode se sentir incompreendido se alguém não concordar com você. Você pode se sentir magoado, hipócrita, crítico – e muitos outros sentimentos de seu sistema de pensamento. Não faz mais sentido sentir compaixão ou interesse? Afinal, o que eles dizem representa a realidade deles, não a sua.

Lembro-me de ter ficado obcecada, com sentimentos feridos e contrariada com uma colega que tinha ideias diferentes sobre como executar um projeto. Fiquei muito infeliz por um tempo. Um dia, enquanto compartilhava meus problemas com uma amiga, ela me lembrou: "Isso é apenas o que ela pensa. Você não precisa concordar com ela e não precisa fazer com que ela esteja errada". Claro! Como não pensei nisso antes?

Adoro ser lembrada desses princípios quando me perco em meu sistema de pensamento. Assim que *compreendi* o que estava fazendo, recorri a algumas memórias de infância, em que perdia meu senso de identidade quando minhas duas irmãs mais velhas me diziam (constantemente) que eu era burra. Desenvolvi a crença de que precisava lutar pelo meu senso de identidade. (Esse é um bom exemplo de crença ilusória.) Por meio do gentil lembrete da minha amiga, parei de me sentir como se tivesse 6 anos e consegui curar minha antiga crença e perdoar minhas irmãs. Eu percebia que todas as suas "críticas" não tinham nada a ver comigo. Era apenas o que elas pensavam em suas mentes infantis e o que achavam que precisavam fazer enquanto tentavam descobrir quem eram neste mundo. Parei de ficar obcecada com sentimentos feridos e aborrecimento e pude dizer a minha colega: "Humm. Eu vejo de forma diferente". Dispensei minha defensiva e chegamos a um acordo que agradou a todos no projeto. (Veja mais sobre como curar sua criança ferida no Capítulo 9.)

Quando você não compreende as realidades distintas, pode se perguntar: "Como ele pode ser assim ou fazer aquilo?". Você pode pensar que eles seriam mais felizes se fizessem as coisas do seu jeito, gostassem do seu tipo de música (especialmente no volume que você prefere), comessem os alimentos de que você gosta e colocassem os pratos na máquina de lavar louça do jeito que você faz. Esses pensamentos e julgamentos podem criar muita infelicidade na forma de raiva, ressentimento ou outras emoções estressantes.

Sem *compreender*, nós nos convencemos de que, se nos esforçarmos o suficiente, poderemos persuadir os outros de que nossa realidade é a certa. Isso nunca funciona – por isso os casamentos podem acabar em hostilidade, pais e filhos vivenciam disputas por poder ou *diferença entre gerações*, e nações entram em guerra. O inverso também pode ser aplicado. Algumas pessoas acham que sua realidade está errada ou não é tão boa quanto a dos outros e, por isso, podem passar muito tempo se sentindo inadequadas, inseguras e deprimidas.

Enquanto aprendia sobre os quatro princípios, fiquei muito chateada com um de meus filhos. Os detalhes não são tão importantes quanto a lição. Eu sabia que estava profundamente presa em meu sistema de pensamento e não conseguia largá-lo. Fiquei me perguntando: "Como ele pôde fazer isso? Ele está cometendo um grande erro". Eu não conseguia compreender como ele poderia justificar seu comportamento.

Por fim, sentei-me para meditar e pedir mensagens do meu coração, que vieram quase imediatamente. A primeira foi: *"Você se pergunta como ele pôde fazer uma coisa dessas. Quantas vezes em sua vida você fez coisas que estimulariam outras pessoas a fazerem a mesma pergunta? Quantos erros enormes você já cometeu? A vida é dele para cometer os erros que ele quiser".*

A mensagem parecia tão óbvia assim que a *ouvi*, mas não consegui ouvi-la enquanto estava presa na prisão de percepção do meu sistema de pensamento. Essa história também oferece um exemplo do processo de *insight* do espelho descrito no Capítulo 9. Muitas vezes, tudo o que achamos irritante em outra pessoa é realmente um reflexo de uma área que precisamos trabalhar em nós mesmos. Podemos não querer ver isso, especialmente quando pensamos que o que a outra pessoa faz é muito pior do que o que nós fazemos. Com *compreensão*, podemos ver o humor nisso. Se o que fazemos é menos sério, quão melhor nosso tempo poderia ser gasto corrigindo nossas próprias fraquezas em vez de julgar os outros?

Seguiram-se outras mensagens de minha sabedoria interior: *Veja o problema que você cria para si mesma quando pensa que os outros devem viver de acordo com suas expectativas ou fazer "o que é certo" e "para o bem deles" de acordo com você.*

Tive que rir da minha presunção quando vi isso. Eu acreditava que as ações de meu filho me deixaram infeliz e, em vez disso, lembrei-me de que eram meus pensamentos sobre o que ele fez que me deixaram infeliz. Senti gratidão pela lição e compaixão por meu filho – e por meus pais, que muitas vezes se sentiam infelizes por causa de minhas ações e erros. *Quando compreendemos verdadeiramente o princípio das realidades distintas, vemos as diferenças com interesse compassivo ou compaixão.*

Viajar é agradável quando os visitantes aprendem sobre diferentes culturas e tradições e respeitam e apreciam essas diferenças. Certamente eles não seriam bem-vindos se dissessem a pessoas de outros países que deveriam falar outra língua e mudar seus costumes. Não seria maravilhoso se abordássemos os relacionamentos pessoais com a mesma admiração e respeito?

Você pode ser um daqueles que julgam sua própria realidade às vezes. Um dia, quando eu estava me julgando por não ter uma compreensão mais profunda dos princípios, de repente percebi que qualquer forma de julgamento simplesmente bloquearia minha compreensão. Quando parei de julgar minha realidade presente, pude ver que dizer que deveria estar mais adiantada do que estou faz tanto sentido quanto dizer que um botão de rosa deveria ser uma rosa em plena floração.

Estamos todos em processo de evolução, aprendizado e crescimento (ou nos recusando a crescer). Atrapalhar esse processo com nossos julgamentos só cria negatividade e impede o progresso. Você pode imaginar como seríamos muito mais úteis para nós mesmos e para os outros se fôssemos amorosos e compassivos em vez de críticos?

Uma mestra jardineira não se preocupa porque suas rosas não estão se transformando em petúnias. Em vez disso, ela simplesmente nutre todas as flores com água e fertilizante e tira as ervas daninhas para que possam atingir todo o seu potencial como rosas, petúnias ou o que quer que sejam. Pensar "Você deveria" não é necessário quando experimentamos nossos bons sentimentos inerentes. Quando nutrimos a nós mesmos e aos outros, os nossos pensamentos vêm do coração naturalmente.

Algumas pessoas incorporaram esse princípio em seus sistemas de pensamento e o usaram mal. Ouvi alguém dizer em tom de voz depreciativo: "Bem, essa é apenas a sua realidade distinta, e eu tenho direito à minha". Isso não foi dito com amor, compaixão e respeito. Os princípios (quando verdadeiramente compreendidos) nunca podem ser usados contra os outros – ou contra nós mesmos.

Seus pensamentos malucos — não os meus

O pensamento ilusório costuma ser mais fácil de ver nos outros do que em nós mesmos. Lembro-me de pensar que os esquizofrênicos eram realmente loucos quando pensavam que viam pequenos insetos verdes subindo pela parede ou quando acreditavam que eram Napoleão. Era óbvio para mim que aqueles eram pensamentos malucos, enquanto todos os meus pensamentos, naturalmente, eram sérios e reais – mesmo aqueles que me deixavam infeliz.

Kimberly Kiddoo, uma psicóloga em Coral Gables, Flórida, que me ensinou muito sobre os quatro princípios, tinha uma paciente em terapia que acreditava que um caminhão de lixo iria comê-la. Kimberly riu espontaneamente e disse: "Esse é um pensamento bobo". Ela falou a partir do seu senso comum e sabedoria, mas se sentiu um pouco envergonhada porque foi ensinada que não é apropriado rir de algo que um paciente está levando a sério. (Isso aconteceu antes de Kimberly saber sobre os quatro princípios.)

Felizmente, a paciente ouviu a verdade de suas palavras em um nível mais profundo do que havia sido falado e começou a melhorar de forma significativa. Vários meses depois, Kimberly perguntou o que havia feito a diferença em sua recuperação. Sua paciente respondeu: "Foi o dia em que você me disse que meus pensamentos não podiam me machucar". (Não foi exatamente o que Kimberly disse, mas a *compreensão* da sua paciente que foi inspirada pelas palavras.)

Uma de minhas pacientes parou de ter ataques de pânico depois de ouvir a história do caminhão de lixo. Ela disse: "A última vez que um ataque de pânico começou, eu sabia que eram apenas meus pensamentos. Eu ri e me senti bem".

Todos nós temos pensamentos tolos que levamos a sério. No entanto, quando sabemos que são apenas pensamentos, eles perdem o poder de nos ferir.

Eu sei que não é tão simples para todos. Não era para mim. Algumas pessoas *compreendem* mais cedo do que outras. Como eu disse antes, parece muito difícil até que a *compreensão* o torne bem simples.

Algumas pessoas insistem que devem julgar para evitar que o mundo "vá para o inferno" e se colocam em um estado de inferno mental – o que não ajuda o mundo. Se você não consegue amar de coração uma pessoa negativa, pelo menos se ame o suficiente para ficar fora do caminho dele ou dela, sem sentimentos negativos. Nosso mundo se expande muito quando compreendemos e apreciamos realidades distintas. É possível gostar das diferenças (ou pelo menos compreendê-las) em vez de brigar por elas.

Se o seu sistema de pensamento programado está resistindo, você provavelmente está desenterrando os piores exemplos possíveis que pode imaginar, como assassinato, estupro e roubo – ou um cônjuge que fez algo terrível. Compreender realidades distintas me ajudou a entender o que Cristo quis dizer quando mencionou: "Perdoe-os. Eles não sabem o que fazem".

A presunção, o ódio ou qualquer forma de julgamento o mantém separado do seu coração e da sabedoria interior que poderia levá-lo a uma ação positiva. Quando você viver com o coração, saberá o que fazer sobre as situações para obter os melhores resultados possíveis. Você agirá com amor e sabedoria em vez de perpetuar o ódio.

Você pode argumentar: "Mas algumas coisas realmente estão erradas!" Muitas pessoas sábias ensinaram: "O que é, é". Esse pode ser um conceito difícil de entender, porque carece de julgamento. O que eu sei é que posso passar muito tempo me sentindo infeliz com o que penso serem as injustiças do mundo, ou posso garantir que meu mundo seja o mais amoroso possível. Byron Katie escreveu um livro maravilhoso intitulado *Loving What Is*[1] (Amando o que é). Na primeira página, ela faz a seguinte declaração: "A única vez em que sofremos é quando acreditamos em um pensamento que contesta o que é. Quando a mente está perfeitamente clara, 'o que é' passa a ser sinônimo do que queremos".

---

1 Byron Katie, *Loving What Is*, Harmony Books, NY, 2002.

Houve vários casos nos noticiários em que as pessoas decidiram perdoar a pessoa que matou um ente querido. É a única maneira de encontrarem paz em vez do sofrimento. Como disse Desmond Tutu: "Perdoar não é apenas ser altruísta. É a melhor forma de interesse próprio". É natural seguir a *Oração da Serenidade* quando você deseja aceitar o que É:

> Deus, dai-me serenidade para aceitar as coisas que não posso mudar, coragem para mudar as que posso e sabedoria para conhecer a diferença.

Eu sei como é fácil ser pego no pensamento certo/errado. Como mencionado antes, muitas pessoas preferem estar *certas* a serem amadas ou amorosas. Tive a oportunidade de reconhecer que estava escolhendo estar *certa* em vez de amar quando meu marido e eu estávamos nos preparando para voltar para casa depois de uma grande convenção. Ele queria entrar na fila do ônibus do hotel para o aeroporto com duas horas de antecedência. Eu queria entrar na fila uma hora mais cedo. Cada um de nós pensava que a realidade do outro era ridícula.

Minha bússola de sentimentos me deu um alerta, e eu conscientemente escolhi seguir meu coração. Daquele lugar, eu disse a Barry: "Eu me pergunto o que aconteceria se olhássemos para isso de maneira diferente e tivéssemos compaixão pelo que custaria a um de nós seguir a decisão do outro. O preço que eu teria que pagar para ir cedo é o desconforto de passar mais tempo no aeroporto. O preço que você teria que pagar é a preocupação e a ansiedade por chegar atrasado".

Quando vi dessa forma, era óbvio para mim que seria mais fácil eu mudar. Do fundo do meu coração, vi a realidade dele como interessante em vez de errada. Também vi os benefícios de chegar ao aeroporto com bastante tempo para relaxar. Percebi como poderia aprender com Barry quando parei de ver seu ponto de vista como ridículo.

Foi contagiante. Barry se sentiu amado e respondeu seguindo seu coração. Ele disse: "Bem, acho que estou exagerando". Rimos, saímos cedo para o aeroporto e nos divertimos muito juntos.

Ser amado e amar é muito mais gostoso do que ter *razão*. No coração, onde as realidades distintas são vistas com interesse e compaixão, o amor tem prioridade máxima.

7

PRINCÍPIO DOS NÍVEIS DE HUMOR OU NÍVEIS DE CONSCIÊNCIA

Todos já ouvimos alguém dizer: "Simplesmente não estou de bom humor" ou "Vamos esperar até que ele esteja de bom humor". O que essas frases significam? Simplificando, significam que às vezes as pessoas se sentem bem e às vezes não, e que não é muito divertido ou produtivo estar perto de pessoas que estão de "mau" humor.

Seu sistema de pensamento pode criar mudanças de humor com regularidade. Você nunca ficará de mau humor quando estiver vivenciando sua felicidade interior natural. E, claro, você experimenta um nível mais elevado de consciência quando se conecta com o seu coração. Perceber seus diferentes estados de espírito é outra chave para que você saiba onde está – no seu sistema de pensamento ou no seu coração.

Novamente, não é questão de julgamento, mas de consciência. Todo mundo experimenta mudanças de humor. Algumas pessoas parecem flutuar entre extremos de humor mais do que outras; mas todos nós passamos por momentos em que nos sentimos bem e outros não. Se você estiver disposto a procurá-lo, geralmente há um *pensamento* por trás de cada estado de espírito.

Algumas pessoas dizem: "Só estou cansado". Então elas descobrem que ganharam na loteria e de repente não estão mais cansadas. Um casal pode estar discutindo. Então o pastor bate à porta e o humor deles muda completamente. Não há nada como um pensamento para mudar o humor.

Você já percebeu como sua realidade distinta é diferente dependendo se você está se sentindo bem ou mal? Por exemplo, lembre-se da última vez em que você estava dirigindo de bom humor e alguém precisou passar na sua frente, e você acenou alegremente para ele enquanto se lembrava de quantas vezes esteve na mesma situação. Então pense em outra ocasião em que você estava de mau humor e pisou no acelerador, determinado a não deixar aquela pessoa passar na sua frente enquanto você murmurava sobre quão estúpida e imprudente ela era.

Esse princípio pode ser um indicador do seu nível de consciência. Um baixo nível de consciência equivale a um mau humor. Um alto nível de consciência equivale a um alto nível de humor. São os pensamentos ilusórios (preocupação, ansiedade, medo) do seu sistema de pensamento que criam o mau humor.

Quando você está de mau humor, tudo parece ruim. Você pode se sentir oprimido e ter sentimentos de destruição iminente. Parece não haver saída. Humores ou níveis de consciência mais baixos significam simplesmente que você perdeu a perspectiva e a *compreensão* porque está vivendo de acordo com seu sistema de pensamento programado. Um humor ou nível de consciência mais elevado significa simplesmente que você está vendo as coisas com maior *compreensão* do seu coração.

Tenho certeza de que você já experimentou estados de humor ou níveis de consciência elevados e baixos e está ciente de como funciona de maneira diferente durante cada estado de espírito. Como o bom humor ou os níveis de consciência elevados são obviamente muito mais agradáveis, e você já experimentou esse estado de espírito muitas vezes, você pode se perguntar por que não fica assim o tempo todo.

Às vezes os baixos níveis de humor acontecem apenas como parte do nosso funcionamento fisiológico. Quando não dormimos o suficiente ou não comemos o bastante, podemos sentir um estado de mau humor. A pesquisa em biorritmos mostrou que vivenciamos ciclos intelectuais, emocionais e físicos que aumentam e diminuem.

Quando os baixos níveis de humor são fisiológicos, faz sentido simplesmente esperar que passem, assim como faz sentido dormir quando estamos cansados. O humor fisiológico não é tão ruim quanto os pensamentos que temos sobre ele. A analogia que descreve esse fenômeno é "fazer tempestade em copo d'água". Normalmente, porém, o culpado pelas nossas mudanças de humor é uma crença ou pensamento – e não a fisiologia.

Frequentemente, não temos consciência dos pensamentos que criaram nosso mau humor. Tentar descobrir a causa só piora as coisas porque estamos tentando descobrir a partir do próprio sistema de pensamento que criou o mau humor em primeiro lugar. Lembre-se do que Einstein disse:

> "Não podemos resolver problemas usando o mesmo tipo de pensamento que usamos quando os criamos".

Você encontrará paz quando usar seu mau humor para saber o que está acontecendo, mudando então para o seu coração. Sua sabedoria interior lhe dará *insights* e muitas vezes fará você rir dos pensamentos que estava levando a sério.

Lembro-me de ocasiões em que me sentia inadequada e insegura em relação a alguma coisa, ficava de mau humor e chamava isso de depressão. Então eu ficava chateada comigo mesma por estar deprimida, sentindo-me, assim, mais inadequada e insegura. Que deprimente! Eu não entendia o ciclo vicioso que estava criando com meus pensamentos. Às vezes ansiava pela minha depressão porque a usava como desculpa para ficar deitada na cama o dia todo e ler. Engraçado como minha depressão não durava muito quando eu começava a gostar dela. Finalmente vi o óbvio e percebi que não precisava ficar deprimida se quisesse tirar um dia para descansar e me divertir.

A mente tranquila é uma das melhores *curas* para o mau humor. Você automaticamente fica com a mente tranquila quando descarta pensamentos de seu sistema de pensamento programado. Outra *cura* é observar seus pensamentos com carinho, em vez de levá-los a sério. Às vezes a simples *compreensão* de que se trata *apenas de um estado de espírito* será suficiente para elevar o seu nível de consciência. No momento em que isso acontecer, seus pensamentos serão descartados ou levados menos a sério, e você terá acesso ao seu coração, o que lhe permitirá ver as coisas de uma perspectiva mais elevada. Seu humor mudará.

Ellen ficou chateada porque uma loja de departamentos não devolveu seu dinheiro conforme prometido. Ela descontou sua raiva na funcionária do atendimento ao cliente, que respondeu rudemente a Ellen. Assim que Ellen percebeu o que estava acontecendo, seu humor mudou e ela viu as coisas de forma diferente. Ela então disse à atendente: "Você realmente tem um trabalho difícil, não é?".

A funcionária respondeu imediatamente a essa empatia. "Sim, com certeza". A partir daí ela foi muito prestativa e o problema foi resolvido. *O humor é contagiante.*

Não faz sentido confiar em seus pensamentos ou sentimentos quando você está em um nível baixo de consciência. *Compreender* esse princípio ensina você a ficar quieto (verbal, física e mentalmente) e esperar que o mau humor passe.

Houve momentos em que fiquei chateada com meu marido e lhe dei o *tratamento do silêncio.* Meus pensamentos não estavam quietos e ele podia sentir a energia raivosa que emanava de mim. Esse não é o tipo de silêncio de que estou falando. Quando entendi esse princípio, eu ficava quieta ao sentir minha raiva, mas era um tipo de silêncio muito diferente. Eu estava no processo de descartar meus pensamentos e esperar pelas mensagens do meu coração. Barry gostou desse tipo de tratamento do silêncio. Foi um *tratamento do silêncio para mim*, em vez de um *tratamento do silêncio contra ele*. Não subestime o poder do silêncio para ajudá-lo a se livrar dos pensamentos ilusórios e poder, assim, entrar no seu coração.

Estar preso em seu sistema de pensamento é como ser pego por uma tempestade. Aos primeiros sinais de tempestade, o que os marinheiros fazem? Eles rapidamente baixam as velas e esperam passar. O que aconteceria se eles deixassem as velas levantadas? Eles teriam uma grande luta contra a tempestade – uma luta que provavelmente perderiam. Quando você se apega aos seus pensamentos, em vez de ficar quieto até que eles passem, muitas vezes você briga consigo mesmo. Se você tiver quaisquer sentimentos ou medos negativos, estará perdendo a batalha. Tente ficar quieto.

Ficar quieto é um conceito tão importante que é um subprincípio dos níveis de humor e dos níveis de consciência. Você aprenderá mais sobre a importância do silêncio no Capítulo 11. Enquanto isso, seja gentil consigo mesmo. Pode levar vários dias ou semanas de silêncio para ajudá-lo a alcançar seu coração.

Procurar a lição de vida ou o benefício da sua situação pode ajudar. Novamente, isso pode ser difícil no começo. Depois de *compreender* os quatro princípios e experimentar a serenidade, ver as lições de vida será mais natural. Se você acha que outra pessoa contribuiu para o seu mau humor, usar o "processo de *insight* do espelho" pode ajudar – se você perceber suas próprias *falhas* com amor-próprio, compaixão ou humor. (Mais sobre o *Processo de* Insight *do Espelho* no Capítulo 9.)

O mau humor prolongado pode indicar que você tem alguns pensamentos e crenças *inconscientes* que precisam de cura. Quando você não consegue acessar sua sabedoria interior, pode ser sábio procurar a ajuda de alguém que tenha acesso à dele ou dela – alguém que entenda a importância de conduzi-lo para fora de seu sistema de pensamento programado e para dentro de sua sabedoria interior.

Agora você vê, agora não

Mais uma vez, quero enfatizar que o humor elevado ou baixo (ou níveis de consciência) não é uma questão de julgamento. Consciência é um estado de clareza, perspectiva ou *insight*. Às vezes você vê (*compreende*) e às vezes não. No momento em que você *compreende* que está vendo as coisas a partir de um nível inferior de consciência, você saltou para um nível superior de consciência. É necessária a *compreensão* da sua sabedoria interior para perceber quando você não está vendo algo com *compreensão*. No entanto, se no momento seguinte você julgar a si mesmo porque não viu claramente antes, voltará à sua cabeça e perderá a compreensão. Pare de se julgar. (Eu sei. Eu sei. Ainda estou trabalhando nisso. Esse meu ego fofo e adorável pode ser uma verdadeira praga.)

Você pode perguntar: "Mas e todos aqueles momentos em que não estou de bom humor ou com um nível de consciência mais elevado? Como posso sair do meu mau humor se não tentar descobrir ou usar o pensamento positivo?". Essa pergunta indica que o seu ego e o seu sistema de pensamento estão lutando para *sobreviver*. Mais uma vez, seja gentil consigo mesmo. Você passou uma vida inteira praticando e aperfeiçoando como viver a partir de seu sistema de pensamento. Velhos hábitos podem ser muito tenazes. No entanto, o fato de ter lido até aqui indica que você está *superando seu sistema de pensamento, mesmo que ele esteja resistindo.* Você está ouvindo algo, ou não estaria lutando. Seu coração e sua alma não se juntarão à luta. Eles apenas esperarão pacientemente. Eles estão sempre ao seu lado – porque eles são *você de verdade*.

Quando você estiver de mau humor, cuide-se da mesma forma que faz quando pega uma gripe. O mau humor pode mudar imediatamente com o reconhecimento ou, como a gripe, pode persistir mesmo quando você sabe o que é. Quando você pega uma gripe, sabe que o melhor a fazer é se cuidar até que ela passe. Se você for atencioso, toma cuidado para não espalhá-la por aí. É aconselhável tratar o mau humor da mesma maneira. Pense em quanta paz haveria no mundo se as pessoas não espalhassem o seu mau humor.

Sue Pettit teve uma visão maravilhosa sobre o humor e os perigos de espalhá-lo e foi inspirada a escrever um poema intitulado "Lily está solta". Observe a semelhança do papel de Lily Tomlin[*] como Ernestine na mesa telefônica do antigo programa de TV "Laugh-In", e o que acontece quando deixamos nossos sistemas de pensamento assumirem o controle.

Lily está solta[1]

Lily é a operadora da central telefônica do meu cérebro.
E, quando ela começa a reagir, minha vida fica uma loucura.
Ela deveria ser contratada por mim
e desempenhar um papel passivo.
Mas, sempre que estou inseguro, Lilly assume o controle.

Lilly está solta, Lilly está solta, Lily está solta hoje.
Diga a todos ao meu redor que saiam do meu caminho.
As coisas que eu digo não farão muito sentido
    todo o SENSO COMUM está perdido.

---

1   "Lillie's Loose", do livro *Coming Home*, de Sue Pettit, disponível em The WV Initiative for Innate Health, Robert C Byrd Health Sciences Center, 1 Medical Center Drive, PO Box 9147, Morgantown, WV 26506-9147
*   N. T.: Lily Tomlin é uma atriz e comediante americana que participou do clássico programa de TV americano "Laugh-In", pelo qual recebeu seu primeiro Emmy por sua personagem em 1973. Seu personagem cômico é uma operadora de central telefônica, responsável por transferir as ligações.

Porque quando Lily está na central telefônica
   todas as minhas linhas ficam cruzadas.
Lily é minha própria criação, pensei que precisasse dela comigo
Para organizar e depois relembrar toda a história da minha vida
Mas ela começou a tomar liberdades e controlar todas as minhas
   informações.
E sempre que ela começa a se conectar,
   tenho uma sensação ruim.

Lily está solta, Lily está solta, Lily está solta hoje.
Diga a todos os meus amigos e parentes para saírem do meu caminho.
Eu não dou abraços e beijos
   quando estou neste estado de espírito.
E por favor, não me leve a sério;
   seria perda de tempo.
Ela olha através dos meus olhos
   e vê o que eu vejo.
Em seguida, conecta linhas ao meu passado;
   ela acha que está me ajudando!
Quando estou de bom humor, posso rir do seu esforço.
Mas quando estou de mau humor
Lily é a chefe e ela é esperta.

Lily está solta, Lily está solta, Lily está solta hoje.
Diga ao mundo para correr e ficar fora do meu caminho.
Estou me sentindo muito dispersa – estou perdida em minhas emoções.
Lily está furiosa e causando comoção.

Ouvi uma história maravilhosa de uma senhora de Connecticut que
disse ter lido esse poema para seu filho adolescente. Então, toda vez que ela
começava a dar sermões ou a repreender, um deles via o que estava acontecendo e dizia: *Lily está solta*, e os dois começavam a rir.

Risada

O riso tem o poder de transformar o humor. Você já percebeu que, assim que consegue rir de algo ou sobre algo, você vê isso de forma diferente? Com *compreensão*, é difícil levar as coisas muito a sério.

Em meus *workshops* para pais, sugiro que os pais parem de levar as coisas tão a sério e adotem uma atitude de "isso não é fofo?" em relação a algumas coisas que os incomodam. Posso dar um bom exemplo. Eu estava ficando louca com o fato de meus filhos adolescentes deixarem tigelas de cereal vazias em seus quartos. Não só eu nunca conseguia encontrar uma tigela de cereal limpa quando precisava como também as tigelas em seus quartos estavam cobertas de cereais secos e leite azedo. Levei isso muito a sério e gritei e esbravejei até que minha bússola de sentimentos me deixou saber que eu estava em um nível de consciência muito baixo. Meu sistema de pensamento estava descontrolado. Assim que rejeitei meus julgamentos, pude realmente ver isso como um fenômeno adolescente fofo.

Então fui inspirada a agir com amor e humor. Discutimos o problema em uma reunião de família. Depois de rirmos sobre como é normal que os adolescentes façam coisas assim, encontramos uma solução. A cada duas semanas, eu coletava suas tigelas de cereal diariamente como um lembrete para mim e para eles do quanto eu os amo. Semana sim, semana não, eles levavam suas tigelas de cereal para a máquina de lavar louça por me amarem.

Como sei que é fácil para os adolescentes se distraírem de coisas que são prioridade para os adultos, concordamos que seria bom eu colocar um bilhete de amor em seus travesseiros quando eles se esquecessem. Isso funcionou muito melhor do que todas as reclamações e desvarios – e foi muito mais divertido.

Nada do que fiz em relação às tigelas de cereal do meu sistema de pensamento foi eficaz. Essas ações criaram rebelião, raiva e frustração. Nenhum de nós se sentiu amado. O que fiz de coração criou amor e harmonia – e a solução foi eficaz.

Gratidão

Descobri que uma das maneiras mais rápidas de mudar meu humor é por meio da gratidão. É difícil manter meus pensamentos bobos enquanto aprecio tudo o que é motivo de gratidão.

Uma vez eu estava com um humor tão amargo que não conseguia pensar em nada pelo que agradecer. Então olhei para minhas mãos e fiquei impressionada com o milagre absoluto da minha capacidade de mover os dedos. Depois olhei para cima e vi o céu. Que lindo! *Amor, beleza e milagres estão ao nosso redor sempre que estamos dispostos a perceber.* Quando estamos presos em nossos sistemas de pensamento, perdemos muitas coisas. Poderíamos estar caminhando em uma praia espetacular ou por uma bela floresta e perder toda a beleza se nosso foco estivesse nas ilusões de nossos sistemas de pensamento. Sentimos falta da beleza simples, embora milagrosa, dos dedos, dos relacionamentos e do dom da própria vida quando permitimos que nossos pensamentos nos deixem infelizes.

Ajudando outras pessoas de mau humor

As técnicas parecem muito diferentes quando vêm do seu coração e quando vêm do seu sistema de pensamento. A técnica da escuta reflexiva fornece um bom exemplo. Escuta reflexiva significa simplesmente validar o que uma pessoa está dizendo, refletindo as palavras (e, com sorte, o significado) de volta para quem fala. Se você fizer isso a partir do seu sistema de pensamento, é provável que pareça um papagaio. Se você escutar reflexivamente com o coração, sentirá compaixão e refletirá os sentimentos, bem como as palavras ditas.

Além disso, você não levará as palavras dos outros tão a sério quando elas forem originadas do mau humor ou de crenças de seu sistema de pensamento programado. Suas palavras costumam encobrir sentimentos de algum tipo de insegurança. Você saberá que as pessoas que você está ouvindo não precisam de *conselhos* do seu sistema de pensamento. Elas precisam da compaixão do seu coração, conforme ilustrado no exemplo a seguir.

Sally estava muito zangada com a irmã por causa de uma discussão que ocorrera há dois anos. Sua irmã queria visitá-la, mas Sally se recusou a vê-la. Seu marido, Joel, deu-lhe alguns conselhos *espirituais*: "Você não acha que é hora de abandonar sua raiva e aprender a perdoar? Você não sabe o quanto essa raiva está machucando você?".

Sally não achou esse conselho útil. Ela se sentiu magoada e disse a Joel: "Você simplesmente não entende".

Joel compartilhou o que aconteceu com um amigo que *compreendia* os quatro princípios. Ela perguntou a Joel: "O que você acha que aconteceria se parasse de ver os detalhes do que ela está dizendo e, em vez disso, a visse como uma pessoa que está presa em seu sistema de pensamento e de mau humor? Tente dar compaixão a ela por meio da escuta reflexiva em vez de conselhos".

Naquela noite, Joel pediu desculpas a Sally por ter lhe dado conselhos e disse: "Posso entender como você se sentiu magoada pela discussão com sua irmã".

Sally respondeu na defensiva: "Parece que toda vez que tento me aproximar dela, ela diz algo cruel para mim".

Joel disse: "Parece que você está com medo de que ela possa machucá--la novamente e que ficar longe é uma boa maneira de se proteger disso".

Sally começou a chorar. Ela se sentiu muito validada. Ela mesma não sabia que era isso que estava fazendo, mas percebeu que era verdade quando Joel disse isso com tanta compaixão amorosa. Sentir o amor dele a colocou em seu coração, onde ela começou a sentir compaixão pela irmã e por si mesma. "Donna é crítica assim como minha mãe era. Nós duas fazemos isso. Odiávamos quando nossa mãe fazia isso, mas agora fazemos a mesma coisa."

Joel disse: "Parece que você entende que ela também pode estar com medo e não sabe como quebrar velhos padrões".

Sally disse: "Eu realmente não tinha pensado nisso antes, mas talvez pudéssemos conversar sobre isso e ajudar uma à outra. Poderíamos lembrar uma à outra quando percebermos que estamos fazendo coisas antigas e dizer, brincando: 'Pare com isso'. Eu realmente não quero repetir esses velhos padrões. Minha mãe não sabia de nada, mas talvez possamos aprender".

Nesse exemplo, Joel ajudou Sally a encontrar suas próprias soluções, evitando conselhos. Isso geralmente acontece quando alguém sente compaixão por outra pessoa. É difícil ficar de mau humor quando se sente amado, e, a partir de um estado de espírito mais elevado, temos acesso à nossa sabedoria interior.

Outras pessoas podem não encontrar as suas próprias soluções como Sally fez. Esse não é o ponto. A questão é que as pessoas não conseguem ouvir conselhos de outras pessoas ou de sua sabedoria interior quando se sentem desencorajadas. A compaixão não tem segundas intenções. As pessoas precisam de nossa compaixão, mesmo que permaneçam de mau humor.

Considerações finais

O princípio dos níveis de humor é uma extensão da bússola dos seus sentimentos para que você saiba quando está levando seus pensamentos a sério. Quando está de mau humor você não se sente tão bem. Você pode corrigir isso ficando quieto e esperando que o mau humor passe – ou sabendo o suficiente para não espalhar seu mau humor – ou perdoando a si mesmo e aos outros quando não tiver *compreensão* suficiente para esperar que isso passe.

Agora parece perfeito para mim me perder em meu sistema de pensamento programado de vez em quando. Posso encontrar muitos presentes na experiência. É claro que, enquanto estou perdida, é impossível ver os presentes e não adianta acabar comigo mesma. *É útil saber que é normal e que não consigo ver até ver.* Usar os princípios pode ajudar a mim (e a você) a compreender o que está acontecendo e como encontrar o caminho de volta aos nossos bons sentimentos inerentes. Por que se sentir mal quando para se sentir bem basta descartar um pensamento?

8

DE QUAIS PENSAMENTOS VOCÊ DESISTE POR SUA FELICIDADE?

Certo dia coloquei uma linda mesa de carvalho na garagem. Outros membros da família começaram a deixar suas tralhas sobre a mesa. Eu reclamei: "Por favor, não coloquem nada sobre a mesa de carvalho ou ela ficará arranhada". Ninguém ouviu e, no fim, tudo, desde ferramentas e peças de bicicleta até uma bateria de carro gasta, estava sobre a mesa.

Por fim, fui até a garagem e limpei todo o lixo para poder cobrir a mesa com algo para protegê-la. Claro que ela estava arranhada e riscada.

Eu estava com raiva! Felizmente, eu tinha algumas tarefas a fazer, então ninguém precisava me ouvir expressar minha raiva. Dirigi por aí totalmente perdida em meus pensamentos negativos – levando-os muito a sério.

Finalmente, minha bússola de sentimentos me informou que meus pensamentos estavam me deixando com raiva e infeliz. Assim que tomei consciência do que estava fazendo comigo mesma com meus pensamentos, a *compreensão* me levou a um nível mais elevado de consciência e meu humor mudou. Meus bons sentimentos naturais vieram à tona e tive que rir quando comecei a ver as coisas com a sabedoria do meu coração.

Percebi que minha família não foi irresponsável por colocar as coisas na mesa. Eu fui irresponsável por não protegê-la antes. Todo mundo que ouve essa história acha engraçado que eu não tenha "visto o óbvio" e não tenha tido bom senso de cobrir a mesa logo de início. Essa é a questão. O pensamento bobo geralmente é óbvio para qualquer pessoa que não esteja envolvida nele. Quando estamos presos atrás dos filtros do nosso sistema de pensamento, realmente acreditamos no que pensamos e nos tornamos escravos dos nossos pensamentos – não importa quanto sofrimento eles criem. No entanto, a felicidade está a um pensamento de distância.

Resumindo novamente: quando estamos com raiva, tudo o que vemos é um mundo cheio de amargura. Assim que usarmos nossa bússola de sentimentos para nos informar que nossos pensamentos estão nos levando na direção errada, *compreenderemos* que estamos levando nossos pensamentos a sério. Quando abandonarmos os pensamentos que criam a raiva, nossos bons sentimentos naturais virão à tona. Vemos então um mundo cheio de amor, beleza, compaixão, perdão, gratidão e paz de espírito. *O que pensamos é o que obtemos.*

Assim que vi o episódio da mesa de carvalho com meu coração, uma sabedoria mais profunda se seguiu. Percebi que estava vivendo minha vida por arranhões em uma mesa de carvalho quando havia tantas outras possibilidades. Era um dia lindo que eu estava perdendo. Eu tinha tantas coisas pelas quais ser grata e não estava dando o devido valor a elas. Uma pergunta veio do meu coração: *a quais pensamentos você está disposto a renunciar pela sua felicidade?*

Uau! Quanto da beleza da vida perdemos por permanecer nas ilusões dos nossos sistemas de pensamento?

Circunstâncias

Muitas pessoas ainda acreditam que sua felicidade depende das circunstâncias. Com frequência ouvimos pessoas dizerem coisas como "Serei feliz quando terminar a escola, ... quando for casado, ... quando for solteiro, ... quando tiver mais dinheiro, ... quando tiver filhos, ou ... quando você fizer o que eu quero que você faça". Isso não é verdade. As circunstâncias não têm nada a ver com felicidade.

Se você não estiver feliz antes de conseguir o que deseja, não ficará feliz depois de conseguir – ou pelo menos não ficará por muito tempo. As pessoas que pensam que são felizes quando conseguem o que desejam descobrem que a felicidade não dura muito. Quando as coisas se acalmam, elas sentem aquela insegurança e insatisfação antigas e persistentes ou ficam presas em seus sentimentos de infelicidade na primeira vez que as coisas não acontecem como *deveriam*.

Durante um *talk show* de rádio sobre esses princípios, um homem ligou e perguntou ao Dr. Rick Suarez: "Você quer me dizer que perder a perna não seria motivo para eu estar infeliz?".

Ele respondeu: "Isso mesmo. Só o que você pensa sobre perder as pernas é que pode criar infelicidade".

A pessoa respondeu: "Essa é a coisa mais estúpida que já ouvi", e desligou.

Um ex-paciente do Dr. Suarez estava ouvindo e ligou para relatar: "O que o doutor diz é verdade. Perdi as duas pernas no Vietnã e nunca estive tão feliz. Isso não significa que eu não gostaria de ter minhas pernas. Eu adoraria ter minhas pernas de volta, mas antes de aprender sobre esses princípios eu não sabia como ser feliz quando tinha pernas. Agora sei ser feliz mesmo sem elas".

As circunstâncias parecem diferentes quando vistas através do filtro do seu sistema de pensamento. Quando você tiver paz de espírito e contentamento, verá *o que existe* sem julgamento, como o homem sábio da história a seguir.

História de um cavalo

Muitos anos atrás, um homem sábio morava em uma antiga aldeia nas montanhas. Um dia, um garanhão lindo e selvagem entrou em seu curral. Quando os aldeões ouviram a notícia, foram à sua fazenda e ficaram extasiados: "Que coisa maravilhosa! Você é muito sortudo!".

O sábio respondeu: "Talvez sim, talvez não".

Poucos dias depois, o garanhão quebrou a cerca do curral e fugiu. Quando os aldeões ouviram a notícia, foram à sua fazenda e disseram: "Que coisa terrível! Que má sorte!".

O sábio respondeu: "Talvez sim, talvez não".

No dia seguinte o garanhão voltou trazendo um rebanho inteiro de éguas. Quando os aldeões ouviram a notícia, vieram e exclamaram: "Agora você é o homem mais rico da aldeia e certamente o mais sortudo!".

O sábio respondeu: "Talvez sim, talvez não".

O filho do sábio tentou domar uma das éguas, mas foi derrubado e quebrou a perna. Quando os moradores ouviram a notícia, eles vieram e falaram com empatia: "Que tragédia! Quem vai te ajudar agora com a colheita? Isso é uma desgraça!".

O sábio respondeu: "Talvez sim, talvez não".

No dia seguinte, os cossacos vieram buscar todos os jovens da aldeia para lutar nas suas guerras. Eles não levaram o filho do sábio por causa da perna quebrada.

Essa história poderia continuar indefinidamente. Esse velho aldeão vivia um conceito que me foi ensinado pelo meu querido amigo Max Skousen: *eu não sei o que é melhor para mim*. Essa verdade é muito difícil de ser compreendida por muitos, mas a maioria de nós já passou por algo que achou terrível na época e mais tarde percebeu que era a melhor coisa que poderia ter acontecido. Há outra maneira de dizer isso: "Se você quiser ouvir Deus rir, conte-lhe seus planos". Nunca temos o controle que pensamos ter, mas encontramos presentes em todas as situações quando ouvimos o nosso coração.

Outro aspecto humilhante das circunstâncias é ter a experiência de sentir muita pena de si mesmo por alguma coisa e depois ouvir falar de alguém que passou ou está passando por circunstâncias que parecem muito piores. De repente você percebe que suas circunstâncias não são nada se forem comparadas e não vale a pena se preocupar. Não pretendo sugerir que existem circunstâncias *reais* que tornam a preocupação mais válida do que a sabedoria vinda do coração. A questão é que mesmo coisas insignificantes podem causar sofrimento quando vistas através dos filtros do sistema de pensamento.

Se as atitudes fossem um produto das circunstâncias, seria impossível encontrar pessoas que ainda celebrassem a vida mesmo com câncer terminal ou outras doenças incapacitantes. Muitos de nós ficamos profundamente tocados por Mattie T. J. Stepanek, que sofria de uma forma rara de distrofia muscular que tirou a vida de seus três irmãos e o manteve confinado a uma cadeira de rodas e à necessidade quase constante de uma máquina de oxigênio. Ele foi uma inspiração para muitos no programa da Oprah e por meio de palestras que obviamente vieram de seu coração antes de morrer, em junho de 2004, algumas semanas antes de seu aniversário de 14 anos. Seus livros de poesia, *Loving Through Heartsongs, Celebrate Through Heart-*

songs, Journey Through Heartsongs e *Hope Through Heart*, inspiraram muitos. Mattie foi apenas um exemplo de muitos que continuam a viver com serenidade, independentemente das circunstâncias.

Algumas pessoas vivem como se a vida fosse uma celebração – algo para desfrutar plenamente. Outros vivem como se a vida fosse uma tarefa árdua – algo a suportar. Existe um cartaz popular que expressa essa atitude: "A vida é difícil e depois você morre". O que é a vida: uma celebração ou uma tarefa? A resposta depende inteiramente do que você pensa. Há uma história sobre dois meninos que pegaram um pássaro e criaram um plano para enganar o sábio da aldeia. Eles decidiram que um deles seguraria o passarinho na mão para que o sábio não pudesse vê-lo. Eles então perguntariam ao sábio se o pássaro estava vivo ou morto. Se o sábio dissesse que ele estava vivo, o menino o esmagaria até a morte. Se o sábio dissesse que ele estava morto, o menino abriria a mão e deixaria o pássaro voar.

Então, eles ficaram na frente do sábio e um menino disse: "Meu amigo tem um pássaro na mão. Está vivo ou morto?". O sábio disse: "Isso, meu jovem, depende inteiramente de você".

Céu ou inferno: depende de você

Você pode pensar o que escolher pensar. Suas emoções e ações são resultado direto do que você escolhe pensar. Você tem a capacidade de criar o *céu* ou o *inferno* por meio de sua capacidade de raciocínio. Pensar a partir do seu sistema de pensamento muitas vezes cria o inferno. Pensar com o coração cria o céu.

As crenças e interpretações que algumas pessoas aceitam ou criam podem parecer tão reais que elas vivem e morrem por elas, mesmo quando não fazem sentido. Essas crenças e emoções são a fonte do ódio, dos preconceitos, da guerra, da falta de vontade de perdoar, da miséria dos ciclos de vingança e de todas as inseguranças. Conforme explicado no livro *Lei da Atração*, criamos o que está acontecendo no mundo por meio da energia dos nossos pensamentos e sentimentos. No livro de Wayne Dyer *Gifts from Eykis*, Eykis aponta:

O pensamento é a base para cada dificuldade maior ou menor que você encontrar. Os problemas que surgem na política, na religião, na educação, nas famílias, nos negócios, nas forças armadas, na sociedade, na medicina e em todas as formas de empreendimento humano são decorrentes do pensamento autoprogramado e irreal.[1]

Qualquer forma de insegurança, estresse ou ansiedade resulta da criação de pensamentos que produzem certas emoções e da crença de que esses pensamentos e emoções são realidade, e não simplesmente produtos do seu pensamento. Experimente se sentir inseguro sem pensar que você é inseguro. É impossível. Você deve pensar que está inseguro antes de se sentir inseguro.

Para ver isso ainda mais claramente, considere os exemplos a seguir. Joe se sente inadequado. Ele acredita que sua inadequação é real e não a reconhece apenas como um pensamento. Sua inadequação existe apenas porque ele acredita que é real. Ele então baseia seu comportamento nesse pensamento e age de forma inadequada. É por isso que não adianta simplesmente dizer a Joe que ele é adequado. Suas crenças não mudarão as crenças de Joe sobre si mesmo. Joe só se sentirá adequado quando parar de levar seus pensamentos a sério e se reconectar com seu coração, para que seus sentimentos naturais de adequação possam vir à tona.

No exemplo seguinte, Melissa acredita que está deprimida porque a vida é opressiva. Mas a vida em si não é opressiva; apenas o que ela pensa sobre a vida a faz parecer assim.

Essa afirmação pode suscitar todos os tipos de debate: "E os desastres, a morte, a guerra e assim por diante?". O que estou defendendo é ilustrado por duas pessoas que enfrentaram um terremoto. Uma delas vivia com medo e tentava descobrir como sair do país do terremoto. A outra disse: "Isso me ajudou a perceber o que é importante na vida. Não preciso de todas as coisas que perdi no terremoto. Esse evento foi um alerta para que eu pudesse aproveitar as coisas mais importantes da minha vida, como a família e os prazeres simples".

Alguns podem dizer: "Mas e se ela perder a família?". A questão é novamente ilustrada por duas pessoas que perderam entes queridos. Uma pessoa entrou em depressão e não conseguia imaginar viver sem o seu ente

---

1   Wayne Dyer, *Gifts from Eykis* (New York, Pocket Books, 1983), pp.118-119.

querido. Outra pessoa (após um período normal de tristeza e luto) disse: "Que presente foi ter Bill em minha vida durante o tempo que passamos juntos. Sinto muita falta dele – e ainda assim me sinto abençoada com o dom da vida e com tudo o que há para desfrutar. Não se surpreenda se me ouvir conversando com Bill. Seu espírito ainda está comigo". Como mencionado antes, as emoções do coração nem sempre são positivas. Certamente a experiência do luto é uma parte muito real da condição humana. Contudo, esses sentimentos são apropriados à situação em questão e não duram para sempre, a menos que sejam incorporados ao sistema de pensamento. Bons sentimentos naturais e alegria surgirão quando o raciocínio do sistema de pensamento parar.

Alguns argumentaram: "Bons sentimentos não são naturais para mim. É mais natural para mim eu me sentir estressado ou deprimido. Eu não tento sentir essas coisas, elas estão naturalmente presentes". Para essas pessoas pode ser difícil superar as crenças pessoais e aceitar o fato de que existe um pensamento (óbvio ou oculto) associado a cada sentimento. Outras podem pensar que *deveriam* controlar seus pensamentos para encontrar a felicidade.

Controlar seus pensamentos não é o ponto. A verdade é que agarrar-se a qualquer um dos pensamentos que o impedem de alcançar a felicidade natural é renunciar ao controle do seu sistema de pensamento.

Compreender não é o mesmo que controlar. A *compreensão* leva a abandonar sem esforço os pensamentos que criam problemas, porque você sabe que são apenas pensamentos. E, como sempre lembro a você, a *compreensão* pode ir e vir em razão do condicionamento que criou um sistema de pensamento tão forte durante a sua infância.

Quando aprendi sobre esses princípios pela primeira vez, acreditei que *compreender* significava que eu nunca mais teria pensamentos negativos e ficava muito decepcionada comigo mesma sempre que levava meus pensamentos a sério. Ao fazer isso, eu saía do coração e entrava na cabeça, onde usava essa informação contra mim mesma. No entanto, minha bússola de sentimentos me avisava que era hora de parar de pensar no meu "fracasso" e ficar quieta. Em pouco tempo, a *compreensão* me levava de volta à minha sabedoria interior, onde aprendi que não importava se meus pensamentos negativos continuassem se infiltrando. (Eles não estavam realmente se *infiltrando*. Tornamo-nos tão hábeis em extrair instantaneamente *arquivos* de nossos sistemas de pensamento programado que esquecemos que eles ainda são criações nossas e mudam a cada momento. Parece então que os pensamentos se infiltram em nossas mentes além do nosso controle, o que é impossível.) Com o tempo, experimentei apenas *observar* esses pensamentos sem julgá-los. Senti até uma afeição tolerante pelos meus pensamentos negativos. Comecei a vê-los como interessantes ou engraçados, ou fofos e adoráveis. Ao compreender que eram apenas pensamentos, eles não poderiam me causar sofrimento.

Ainda passo por esse processo muitas vezes ao dia. Não é emocionante? Todos os dias me pego julgando, ficando com raiva, sendo fisgada por alguma ilusão. A parte emocionante é que não consigo ficar nessa situação por tanto tempo como antes – às vezes eu ficava assim por anos. Agora posso simplesmente deixar para lá.

Quando parece que não posso dispensá-los, eles podem ser uma bênção disfarçada, esperando que eu os use como oportunidades para maior aprendizado e cura, tratando-os como amigos e aprendendo com eles. Você aprenderá mais sobre como curar seu condicionamento no próximo capítulo.

Aceitar seus pensamentos como amigos com algo para lhe ensinar

A primeira vez que uma amiga querida sugeriu que eu desse um passeio com meu "medo" de alguma coisa e tratasse meu medo como um amigo, pensei que ela estava louca. Eu não conseguia imaginar por que iria querer tratar meu medo como um amigo. Confiei na minha amiga, tentei e fiquei surpresa pela rapidez com que meu medo me transmitiu algumas mensagens e depois foi embora. Não consigo me lembrar das mensagens agora, mas fiquei muito impressionada com o fato de meu medo poder me ensinar algo e depois ir embora.

Esteja ciente do pensamento ou sentimento que você tem e abrace-o. Em seguida, pergunte: "O que você tem para me ensinar?". Depois de aprender com seus pensamentos, você poderá experimentar a alegria de amá-los e deixá-los ir – e sentir sua felicidade natural chegando ao topo. Caso contrário, *Ver a Dádiva em Cada Situação* ou o *Processo de* Insight *do Espelho* no próximo capítulo pode ajudar.

9

SINTA-SE MARAVILHADO POR SER QUEM VOCÊ É

O maior presente que você pode dar a si mesmo é amar-se incondicionalmente – *sentir-se maravilhado por ser quem você é*. Se você acha isso mais fácil de dizer do que fazer, o que o impede de amar a si mesmo incondicionalmente? Você se importa demais com o que as outras pessoas pensam de você? Você fica magoado e com raiva quando os outros não atendem às suas expectativas? Você se culpa quando comete erros? Você ainda está se baseando em programações antigas de coisas que ouviu quando criança? Você pega verdades espirituais, passa-as por seu sistema de pensamento, transforma-as em "deveria" – e então se envolve em autojulgamento quando não vive de acordo com suas próprias expectativas sobre si mesmo? A lista poderia continuar indefinidamente. Você conhece alguém que é perfeito e nunca faz nada disso?

Você sabia que não deveria ser perfeito? O que você teria que aprender se fosse perfeito? *Compreender* que não deveria ser perfeito pode ajudá-lo a relaxar e a aceitar com amor suas imperfeições como oportunidades maravilhosas para aprender – e aproveitar o processo de aprendizado.

Como a maioria das pessoas não entende que não deveria ser perfeita, a falta de amor-próprio incondicional parece fazer parte da condição humana. Tem sido uma grande parte da minha experiência de vida e sei que tem sido uma grande parte da sua, já que é normal para todos.

Todos nós lidamos com essa falta de amor-próprio de maneira diferente. Alguns passam a vida tentando provar que são adoráveis, tentando agradar ou buscando realizações. Alguns escondem seus sentimentos abusando de drogas ou televisão/telas. Alguns dependem de um relacionamento para serem felizes – e depois culpam a outra pessoa quando isso não funciona. Alguns passam horas no consultório de um terapeuta tentando descobrir por que estão tão infelizes. Alguns vivem em um inferno de raiva, ressentimento e mentalidade de vítima criado por eles mesmos. Outros escolhem um caminho espiritual para encontrar paz e serenidade. *Todos esses caminhos podem levar ao crescimento pessoal quando estamos dispostos a aprender com nossas experiências.* Este último faz parte de sua jornada, senão você não estaria lendo este livro. No entanto, mesmo uma jornada espiritual não trará paz e alegria duradouras até que você aprenda a amar a si mesmo incondicionalmente, o que faz parte do seu estado natural de ser quando você descarta pensamentos preocupantes.

Você pode ter encontrado amor, paz e alegria por meio da *compreensão* dos quatro princípios. E, como eu, você pode acabar pegando muitos desvios para longe da serenidade. Recentemente aprendi que todos os meus desvios se concentram na minha falta de amor-próprio incondicional. E aprendi algumas maneiras de superar esses desvios e gostar de me amar – com todos os defeitos.

Eu gostaria de conduzi-lo em algumas jornadas que podem ajudá-lo a se amar e se aceitar – não importa o que aconteça. A primeira é uma meditação para encontrar sua alma. Eu sei que você não pode fechar os olhos e ler ao mesmo tempo; então vou falar sobre a meditação e você pode fazê-la mais tarde, se for do seu interesse.

Meditação para encontrar sua alma

Feche os olhos, fique confortável, respire fundo várias vezes até atingir um relaxamento profundo. Então imagine que você está sentado em frente à sua alma. Reserve um tempo para aproveitar essa presença e experimentar todas as perguntas a seguir.

Como é a sua alma?
Qual é a sensação de ter uma alma?
Quais são as características da sua alma?

Sinta o amor da sua alma.

Sinta a compaixão da sua alma.

Sinta a alegria da sua alma.

Passe o tempo que quiser curtindo sua alma.

Quando estiver pronto, pergunte à sua alma o que ela gostaria que você soubesse agora.

Que mensagem sua alma tem para você sobre os erros que você comete?

Que mensagem sua alma tem para você sobre os pensamentos aos quais você está se apegando?

Que mensagens sua alma tem para você sobre a vida e o amor?

Quando terminar, volte calmamente para a sala. Pegue seu diário e escreva sobre sua experiência. Compartilhe essa experiência com outras pessoas. Não mantenha sua alma em segredo. *Sua alma é você.* Como você poderia não se amar?

Quando fiz essa meditação, a primeira coisa que me surpreendeu foi que minha alma não estava dentro do meu corpo como sempre pensei. Era uma enorme energia turquesa que me envolvia em amor e compaixão. Ficou claro para mim que minha alma e eu somos um, e que tenho todas as belas qualidades e características de minha alma: amor, compaixão, alegria, generosidade, sabedoria, paixão e serenidade. Como eu poderia não me amar?

Então vi que meu sistema de pensamento e eu também somos um e que ele tem muito a me ensinar. No momento, parece que a maior lição a aprender sobre meu sistema de pensamento é amar a mim mesma sempre que me envolver nas travessuras que ele pode criar – e continuar aprendendo. Uma maneira é usar o *Processo de* Insight *do Espelho.*

Processo de *Insight* do Espelho

Se você acredita em tudo o que leu até agora mas ainda não consegue deixar de lado seus pensamentos negativos sobre algo ou alguém, bem-vindo ao clube – e à possibilidade de ver seus pensamentos negativos como uma oportunidade de aprender mais sobre si mesmo. Seus pensamentos negativos podem ter uma mensagem para você que pode lhe fornecer uma lição de vida muito importante para que a cura ocorra. Uma maneira de ver a mensagem é olhar em um espelho imaginário e ver a si mesmo como um reflexo da pessoa ou situação que o fisgou. De que maneira você se parece com a pessoa de quem está com raiva? De que maneira você faz algumas das coisas que está julgando na outra pessoa? Não ajuda se você usar o que vê para se julgar. Ajuda quando você pode ver o humor no que está fazendo, deixá-lo ir e experimentar a compaixão que se segue.

Aprendi uma grande lição em um voo da Alemanha para Los Angeles. Eu não queria despachar uma mala verde de rodinhas e uma pequena mochila, então guardei as duas peças no compartimento acima do meu assento e me acomodei para ler meu romance.

Antes da decolagem, ouvi um anúncio de um comissário de bordo de que eles tinham uma mala verde de rodinhas que teria de ser retirada do avião se não fosse reclamada. Lembro-me de pensar: "Pode ser a minha; será que devo dar uma olhada?". Descartei a possibilidade, no entanto, porque sabia que minha bagagem estava guardada no bagageiro acima do meu assento.

Então ouvi meu nome no alto-falante anunciando que eu deveria ir buscar minha bagagem. As duas pessoas com cinto afivelado em seus assentos ao meu lado tiveram que se levantar para que eu pudesse chegar até o corredor e procurar um comissário de bordo. Outra passageira correu até mim e me disse que o homem atrás de mim havia tirado minha bagagem do bagageiro para ter espaço para suas coisas. Ela ficou furiosa porque ele havia deixado minha bagagem no corredor e todos tiveram que passar por cima dela. Eu não podia acreditar; mas certamente, quando fui para a frente do avião, lá estava minha mala verde. Expliquei ao atendente o que havia acontecido, mas não havia tempo nem espaço para fazer nada além de despachar minha mala.

Fiquei com tanta raiva desse homem que voltei para o meu lugar e o confrontei: "O que o fez pensar que tinha o direito de tirar a minha mala do compartimento?".

Ele explicou calmamente: "Estava acima do meu assento e você deve colocar sua bagagem embaixo do seu assento". (Ele não se preocupou em notar que o compartimento acima do seu assento também se estendia sobre o meu assento.) Fiquei furiosa e ainda não conseguia acreditar, nem minha companheira de viagem que havia me contado o que tinha acontecido. Ela se juntou a mim para confrontá-lo. Nós o deixamos saber que o achamos imprudente, egoísta e arrogante. Ele encolheu os ombros como se não fosse nada.

Senti me no meu lugar explodindo de raiva. Tentei dizer a mim mesma: "Deixe para lá. São apenas seus pensamentos e eles estão deixando você louca. Sua raiva não está ferindo ele, mas certamente está ferindo você". Lembrei-me de uma de minhas citações anônimas favoritas: *"A raiva causa mais danos ao recipiente em que é armazenada do que ao objeto sobre o qual é derramada"*. Lembrei-me também de todas as pesquisas científicas sobre os danos que a raiva causa ao corpo e ao sistema imunológico.

Nada disso ajudou. Continuei a pensar na audácia desse homem. Eu não conseguia entender como ele poderia justificar suas ações.

Depois do jantar, encontrei vários passageiros no corredor perto dos banheiros, e todos eles alimentaram minha presumida justiça. Um homem disse: "Que idiota". Eu amei. A mulher que já havia falado comigo disse que ainda estava com tanta raiva que não conseguiu saborear a refeição. Eu amei. Voltei e repreendi o homem mais um pouco.

Você acredita que alguém que escreveu um livro sobre *Serenidade* poderia agir dessa maneira? Que tal descartar o sistema de pensamento e acessar a sabedoria interior? Que tal usar meus sentimentos como uma bússola para saber que eu estava levando meus pensamentos muito a sério?

Bem, acabei prestando atenção à bússola dos meus sentimentos e agora sou grata ao homem que me deu uma oportunidade tão maravilhosa de aprender mais sobre mim mesma e de curar as crenças que estavam causando meu sofrimento.

Decidi fazer uma meditação e tentar o *Processo de* Insight *do Espelho* para ver o que minha raiva estava me dizendo sobre mim. Minha primeira olhada no espelho foi para ver que eu tinha sido um pouco (só um pouco) egoísta e imprudente ao levar duas malas para a cabine do avião. Se todos fizessem o mesmo, não haveria espaço de armazenamento suficiente. Era fácil encobrir meu próprio egoísmo quando o dele parecia muito pior.

Observe esta última afirmação. Esse é o tipo de pensamento que posso usar para me desculpar por não mudar. "Se alguém é pior, é essa pessoa que deve mudar." A verdade é que, se meus defeitos não forem tão graves, pode ser mais fácil eu mudar. A partir do sistema de pensamento, faz mais sentido apontar o dedo em vez de mudar a mim mesma. A partir do meu coração e sabedoria interior, eu me sinto humilde e abandono meus julgamentos.

Esse pequeno *insight*, ao olhar no espelho, levou-me ao meu coração, onde senti gratidão por esse homem que me deu uma oportunidade tão excelente de ver a mim mesma. Se ele estava certo ou errado ao mexer na minha mala, deixou de ser um problema quando comecei a entender a mensagem e a lição de vida que minha raiva havia me ensinado. Senti compaixão por nós dois. Tive que rir do drama que criei a partir do meu sistema de pensamento. Também me senti grata pelo *Processo de* Insight *do Espelho*, que tantas vezes me ajuda a encontrar um presente em todas as situações.

Vendo as lições ou presentes

Existem muitos professores mestres e cientistas que ensinam que existe uma *ordem divina* para tudo. Talvez alternar entre seu sistema de pensamento e coração aumente sua apreciação pela felicidade e paz de espírito. Talvez você não pudesse aprender importantes lições de vida de outra maneira.

Outra vez, eu estava usando meu sistema de pensamento de uma forma que estava me deixando infeliz porque pensei que uma amiga estivesse sendo desatenciosa. Eu estava chateada; meu estômago estava revirado; e eu não conseguia dormir enquanto contava minhas queixas. Finalmente, prestei atenção à bússola dos meus sentimentos e a sabedoria emergiu do meu coração. Vi claramente que estava abrindo mão da minha felicidade por alguns pensamentos negativos. Então tive um *Processo de* Insight *do Espelho* e aprendi uma bela (e engraçada) lição. *O que é pior, ser desatenciosa ou ser crítica?*

Eu tive que rir da minha presunção. Então eu percebi que nem era questão de ser melhor ou pior, porque ser desatenciosa e ser crítica são apenas aspectos da insegurança provocada pelo pensamento.

A perspectiva e a compaixão retornaram rapidamente quando me lembrei das muitas vezes em que fui desatenciosa, fosse porque não sabia fazer melhor ou porque *acreditava* que tinha justificativa. Também percebi que, só porque pensei que essa amiga estivesse sendo desatenciosa, não significava que ela estava; significava apenas que ela não estava cumprindo algumas regras e crenças *que eu havia criado* a partir do meu sistema de pensamento programado. (Você já reparou que, quando alguém acha que você está sendo egoísta, geralmente é porque você não está fazendo o que ele *egoisticamente* quer que você faça?) Eu também ri desses pensamentos e pude então sentir amor e gratidão por minha amiga – e por mim mesma. Aprendi, novamente, que é bobagem ter pensamentos pelos quais estou disposta a abrir mão de minha felicidade.

Mais recentemente, fiquei com raiva de meu marido, Barry, porque ele não atendia o celular. Senti vontade de ter um acesso de raiva porque não consegui me comunicar com ele quando queria. Desta vez minha raiva não durou muito antes de eu perguntar: "Por que estou me deixando tão infeliz? Que lição eu poderia aprender com isso?". Quando procurei o presente, vi o que precisava aprender sobre mim mesma muito rapidamente. Posso ser uma escrava do meu celular – pensando que tenho que atender, seja ou não conveniente para mim. Quando descartei meus pensamentos que geraram raiva, quis seguir o exemplo de Barry e usar o celular como uma conveniência em vez de me tornar uma escrava dele. Quando os presentes não são tão óbvios, pode ser que você esteja respondendo a uma crença inconsciente proveniente do passado.

Cura de crenças do passado

Em meus *workshops* para pais, aponto que as crianças estão sempre tomando decisões (em um nível subconsciente) sobre quem são, como é o mundo e o que precisam fazer (como precisam se comportar) neste mundo para prosperar ou para sobreviver. Uma vez que muitas dessas decisões são tomadas com base no medo da criança de desaprovação e/ou punição, muitas decisões têm a ver com sobreviver em vez de desenvolver-se. Essas decisões formam crenças que podem ter feito sentido quando éramos crianças. O problema é que nos apegamos a essas crenças (*software* antigo) quando elas estão desatualizadas e não nos servem mais. Valerie Seeman Moreton descreve esse processo em seu livro *Heal the Cause* (Cure a causa):

> Sempre que tomamos uma decisão com uma grande emoção associada, ela se torna a "regra de ação" do subconsciente a partir desse momento. Isso significa que, quando ocorre um transtorno, mesmo que seja muito cedo, como um ou dois anos, é tomada uma decisão (subconscientemente) que influencia

o resto de sua vida. Se essa decisão fosse que você "não era amado" ou "não era bom o suficiente", toda a sua vida seria vivida para compensar essa crença e para provar que ela era falsa. Comportar-se de determinada maneira para obter amor ou aprovação pode causar o desenvolvimento de padrões autodestrutivos e a formação de mecanismos de defesa. E tudo isso é baseado em uma mentira, fundamentada no medo em vez do amor.[1]

Muitos mecanismos de defesa (crenças) assumem a forma de mau comportamento. Por meio de vivências (nas quais os pais interpretam seus filhos), os adultos entendem como o sistema de pensamento é formado – o deles e o de seus filhos. Eles também aprendem que a melhor maneira de ajudar uma *criança que se comporta mal* a mudar crenças e comportamentos é por meio do amor (encorajamento), não do medo (punição). O amor (parentalidade gentil e firme) pode tirar pais e filhos de seus sistemas de pensamento e trazê-los para seus corações, onde eles podem se concentrar em soluções amorosas em vez de culpa e punição temerosas.

Você não sente medo quando acessa seu coração ou fonte espiritual. O medo vem apenas das ilusões da programação antiga. Quando você tem dificuldade em *descartar* uma programação antiga e desatualizada, pode ser que as decisões e crenças subconscientes não tenham sido trazidas à sua consciência e curadas.

Mudando seu projeto de vida

Você criou um *projeto de vida* baseado na inteligência, nas percepções, nas decisões, nas crenças e na maturidade de uma criança de 3 anos. E você ainda pode estar tendo acessos de raiva que tinha aos 3 anos – no estilo adulto. Esse projeto de vida é baseado em seu sistema de pensamento e parece ter sido escrito em pedra. Não é engraçado (ou assustador) perceber que você pode estar vivendo sua vida com base no pensamento e no planejamento do estilo de vida de uma criança de 3 anos? Felizmente, sua bússola de sentimentos pode ajudá-lo a ultrapassar seu sistema de pensamento e criar novos projetos de vida com base na sabedoria de seu coração.

---

1   Valerie Seeman Moreton, N.D., *Heal the Cause* (San Diego: Kalos Publishing, 1996).

Enquanto isso, aquela *criança de 3 anos* pode ser muito tenaz. Assim, você pode sair do curso e agir pelo seu sistema de pensamento diariamente. Portanto, mantenha sua bússola de sentimentos à mão. Assim que você vê seus acessos de raiva como engraçados, eles perdem o poder e a sabedoria vem à tona. Quando você não consegue ver suas birras como engraçadas, pode ser que precise de ajuda.

Procurando ajuda

Às vezes seus pensamentos e crenças programados estão tão profundamente enraizados que continuam lhe causando problemas – emocionais, físicos e espirituais. Ignorar seu sistema de pensamento programado pode lhe dar um alívio temporário, mas essas crenças subconscientes continuam voltando e afetando seu comportamento e sua saúde. Você nem sabe quais pensamentos precisa descartar. Eles estão além de sua percepção consciente. Você está, no entanto, profundamente ciente do sofrimento que eles causam.

Há uma história maravilhosa sobre uma garotinha que foi para um acampamento. Durante o dia e a noite, ela ficou encantada com todas as atividades, novos amigos e contação de histórias ao redor da fogueira. No entanto, naquela noite, uma conselheira a encontrou chorando em sua cama. A conselheira tentou confortá-la de todas as maneiras em que pôde pensar, sem sucesso. Por fim, ela disse: "Você sabe que Deus está sempre com você?". A garotinha disse: "Eu sei, mas quero alguém de carne e osso".

Há momentos em que todos nós precisamos de um amigo de carne e osso. Às vezes precisamos da ajuda de outras pessoas que podem nos confortar ou, quando estivermos prontos, nos ajudar a curar velhas crenças.

Amar sua criança ferida

Crenças que causam dor podem ser curadas (ou mudadas) assim como feridas físicas podem ser curadas. Crenças são curadas quando a mentira é exposta e a *compreensão* acontece. Em seu livro *Heal the Cause*, Valerie Seeman Moreton escreve:

Quando a programação defeituosa é exposta e liberada, um grande alívio é experimentado. Um sentimento leve e claro de gratidão entra e preenche o espaço vazio deixado pela mentira antiga.[2]

Recentemente tive a oportunidade de testar essa teoria e sanar uma crença antiga. Eu me senti muito intimidada por uma pessoa que admiro e respeito. Essa pessoa não estava fazendo nada para me intimidar. Pelo contrário, ele foi muito amigável e encorajador. Ainda assim, tive medo de falar com ele e ser amigável em troca. Eu me sentia muito insegura e não conseguia entender o porquê. Tentei descartar meus pensamentos e permitir que meu amor e segurança naturais aflorassem, mas não tive sucesso.

Compartilhei meu dilema com uma amiga, que me pediu para compartilhar uma lembrança antiga. A que me ocorreu foi quando eu tinha 6 anos e minha irmã mais velha se olhava no espelho e dizia para seu reflexo: "Você é muito feia".

Eu queria ajudar e encorajar e disse: "Não, você não é".

Ela olhou para mim e disse: "Sim, eu sou e você também é feia".

Fiquei arrasada porque amava e admirava minha irmã. Minha decisão inconsciente foi que *realmente não sou boa o suficiente e as pessoas que amo e respeito podem me rejeitar.*

Não sei por que essa velha crença me afeta em algumas situações e não em outras, mas entendo que, quando ajo a partir dessa crença, me retraio e não me permito ser exposta a uma rejeição imaginária. Eu me torno uma criança de 6 anos que se sente muito assustada e insegura.

Minha amiga que estava me ajudando sugeriu que eu me imaginasse como uma criança de 6 anos rejeitada pela irmã e imaginasse o que o meu eu adulto gostaria de dizer àquela criança. A primeira coisa que eu queria fazer era pegá-la no colo e confortá-la. Imaginei que iria então tranquilizá-la de que sua irmã estava apenas de mau humor e não queria dizer o que ela disse. Eu diria a ela: "Você é uma pessoa muito amorosa, atenciosa e alegre. Todo mundo sempre vai adorar estar perto de você".

Foi incrível que, uma vez que amei minha criança ferida e corrigi sua crença, minhas próprias crenças foram corrigidas. Mal posso esperar para

---

2   Valerie Seeman Moreton, N.D., *Heal the Cause* (San Diego: Kalos Publishing, 1996), p.64.

estar perto da pessoa por quem me senti intimidada para poder dar-lhe um grande abraço e deixá-lo desfrutar da minha companhia – como faço com a dele.

Quando as crenças equivocadas são curadas, as pessoas não precisam tentar abandonar o equívoco de que são inadequadas, não amadas ou incapazes de perdoar. Elas não poderiam se apegar a essas crenças mesmo que tentassem. A cura nos leva imediatamente ao nosso coração, onde sentimos amor e compaixão por nós mesmos e pelos outros. Valerie coloca desta forma:

> Às vezes, ver o benefício do que aconteceu neutraliza ainda mais as emoções profundamente arraigadas. Ver o benefício da situação cria uma compreensão mais profunda de como o universo está sempre trabalhando para apoiar nosso bem maior... Reconhecer esse benefício nos torna mais conscientes do que é real e do motivo pelo qual o perdão é sempre vantajoso. Você pode realmente ficar feliz com uma experiência desconfortável quando perceber que um benefício veio dela. Você pode realmente ser grato por isso.[3]

Alguns podem curar suas crenças lendo um livro ou conversando com um amigo. Outros obtêm *insights* e inspiração em uma igreja, por meio da oração ou da meditação. Um seminário de crescimento pessoal ou terapia podem ser uma resposta para os outros. Não importa onde você procure ajuda, certifique-se de que seu objetivo é superar seu sistema de pensamento programado para que você possa se reconectar com seu coração e ver a perfeição de todas as coisas. E você sentirá gratidão.

Gratidão

Ter uma atitude de gratidão por algo que comumente é visto como muito negativo pode ser um conceito difícil de entender para alguns. O exemplo a seguir pode ajudar.

No início dos meus *workshops* de Disciplina Positiva, sempre pergunto aos participantes o que eles esperam ganhar, sabendo que o *workshop* quase sempre atende a todos os desejos mencionados. No entanto, uma mulher

---

3   Moreton, pp.269-270.

disse: "Ser feliz". Eu pensei: "Hum. Eu nunca ouvi isso antes. Não tenho certeza se isso pode ser realizado neste *workshop*".

Fazemos uma atividade muito poderosa neste *wokshop* em que duas pessoas interpretam crianças que recebem críticas, insultos e são humilhadas por adultos em pé em suas cadeiras. O objetivo é demonstrar as crenças que as crianças formam (e consolidam em seus sistemas de pensamento) em resposta a essas mensagens negativas. Um dos adultos do sexo masculino que interpretava uma criança ficou com lágrimas nos olhos. Sua dor era óbvia. Alguns dos outros participantes se sentiram muito desconfortáveis e acharam a atividade um pouco intensa demais. No entanto, o homem que representou a criança disse: "Não. Isso foi extremamente poderoso para mim. Fui muito maltratado por adultos quando era criança, incluindo abuso físico. Agora me sinto grato por essas experiências. Elas foram um presente para mim porque agora sou um defensor de crianças que faz tudo o que puder para evitar que isso aconteça com outras crianças".

Ao final do *workshop*, quando as pessoas compartilharam o que levavam consigo, a mulher que tinha como objetivo ser feliz disse: "Aprendi que posso ser feliz não importa o que tenha acontecido na minha vida".

Considerações finais

Criamos nossos sistemas de pensamento por meio de muita autolavagem cerebral contra nós mesmos. Até que a *compreensão* se torne uma condição permanente, pode ser útil ter ferramentas para o recondicionamento. Você pode precisar se aceitar conscientemente, não importa o que aconteça, repetidamente até que o amor-próprio seja um estado automático de ser. O amor-próprio é uma parte natural da sua alegria interior e serenidade. Use sua capacidade de raciocínio para praticar amar a si mesmo (e a seus pensamentos) incondicionalmente até que se torne automático. E obtenha ajuda de *alguém de carne e osso* quando precisar.

10

QUANTO TEMPO LEVA PARA COMPREENDER?

À s vezes, uma *compreensão* profunda desses princípios ocorre em um instante; às vezes demora mais. Para a maioria das pessoas, a *compreensão* acontece momento a momento. Elas podem ter a *compreensão* em um momento e encobri-la com pensamentos no momento seguinte. Ou podem ter a *compreensão* em certas áreas e falta de *compreensão* em outras. Em ambos os casos, a bússola de seus sentimentos lhes informará.

Muitos lutam como eu já lutei, sabendo em meu coração que os princípios eram verdadeiros, mas permitindo que meu sistema de pensamento me enlouquecesse com objeções e questionamentos: "sim, mas" e "que tal" e "e se". Embora meu sistema de pensamento continuasse atrapalhando minha *compreensão*, meu coração continuava me levando de volta para ouvir mais. Gradualmente, meus "sim, mas" mudaram para "Claro. É tão simples, tão óbvio, tão maravilhoso". Antes da *compreensão*, tudo pode parecer pesado e complicado; com a *compreensão* tudo fica mais leve e simples.

O aprendizado nunca acaba. Depois que você é direcionado para esse aspecto, a vida fica cada vez melhor, mesmo quando há total satisfação com a forma como as coisas são.

George Pransky usa uma analogia ilustrativa para explicar esse fenômeno: "É como esperar em um ponto de ônibus para uma compreensão mais profunda, mas se divertir tanto no ponto que você não se importa se o ônibus vem ou não".

Vislumbres são suficientes

Enquanto você está aprendendo, é útil apreciar os vislumbres. Cada vislumbre de *compreensão* é como dinheiro no banco que você pode sacar quando precisar.

Enquanto escrevia a primeira edição deste livro, tive um grande vislumbre da serenidade e paz de espírito que vem da *compreensão*. Senti tanto amor, tanta alegria e gratidão que parecia que nada poderia perturbar minha paz.

Foi-me dado um grande teste. Paguei adiantado a um tipógrafo mais de US$ 1.000 para concluir a revisão de um de meus livros autopublicados. Um dia, passei para ver como ela estava progredindo. Fiquei sabendo que a empresa havia entrado em um tipo de falência e que alguém do sistema judiciário vinha todos os dias para penhorar os recebimentos diários. Parte do acordo de falência era que eles deveriam ter penhorada uma certa quantia de dinheiro para entregar ao tribunal ou perderiam completamente o negócio. Então eles trabalhariam em projetos para os quais poderiam arrecadar dinheiro quando fossem concluídos – em vez de projetos para os quais o dinheiro já havia sido recebido antecipadamente há tempo.

Meus amigos e minha família mal podiam acreditar em como fiquei imperturbável com essa notícia. Sinceramente, acreditei que tudo daria certo – mesmo que eu perdesse o dinheiro. A partir desse estado de espírito, discuti a situação com muita calma e carinho com a mulher que estava trabalhando na composição tipográfica. Não a culpei nem fiquei com raiva dela. Eu tive empatia por ela e pelas condições em que trabalhava.

Ela ficou até tarde e trabalhou em seu próprio tempo para terminar meu projeto. Mais tarde, ela me disse que minha energia foi tão encorajadora para ela que queria fazer tudo o que pudesse para me ajudar.

Eu gostaria de poder dizer que fui capaz de permanecer nesse estado de espírito. Desde então deixei que outras situações perturbassem minha paz. No entanto, essa experiência está *no banco*. Adoro lembrá-la e usar sua energia como um lembrete de que, não importa o que aconteça, tenho a opção de lidar com qualquer situação por amor ou medo.

Toda vez que leio este livro (sim, eu o leio várias vezes), é como ir ao meu *banco da compreensão*. Sempre me leva ao meu coração, onde experimento meus sentimentos naturais de alegria e gratidão.

Vislumbres são presentes verdadeiramente maravilhosos. Aceite a si mesmo enquanto fortalece *sua compreensão* e faz depósitos em seu *banco da compreensão*.

Lembre-se de que os humanos raramente param de pensar, mesmo durante o sono. A questão não é parar de pensar, mas *compreender* que pensar é uma função, porque essa *compreensão* o ajuda a descartar pensamentos ilusórios a fim de que você possa usar sua capacidade de pensar para experimentar as maravilhas que vêm do seu coração.

A *compreensão* liberta você da prisão de seu sistema de pensamento programado. A má compreensão dos princípios pode levar à intensificação dos pensamentos e ao uso indevido deles. Eu frequentemente ouvia comentários como os seguintes enquanto participava de seminários para aprender sobre os princípios.

"Tenho medo de fazer uma pergunta, porque as pessoas saberão que estou vindo do meu sistema de pensamento em vez de um nível superior de consciência."

"Eu ainda tenho pensamentos negativos, então não devo ter compreendido nada."

"Sou um fracasso porque gritei com meus filhos. Perdi a paciência e esqueci de vir do fundo do meu coração para ver a insegurança por trás do comportamento deles."

"Eu realmente pensei que compreendia e não seria pego em meu sistema de pensamento novamente. No dia seguinte, deixei-me fisgar pela negatividade, assim como o cachorro de Pavlov. Eu me senti muito desanimado e desapontado comigo mesmo."

"Simplesmente não consigo sentir compaixão quando minha esposa bebe, ou meu marido grita comigo, ou um amigo me desaponta, ou as coisas não saem do jeito que eu quero. Eu fico com raiva ou chateado."

Erros não são o que você pensa

Com base em nosso nível de compreensão, fazemos o melhor que podemos; e cometemos erros em nosso caminho para uma compreensão mais profunda. Isso é normal. A maioria das pessoas em nossa sociedade aprendeu a aceitar a ilusão de que é terrível cometer um erro. Eles comparam seu valor com o número ou a gravidade dos erros que cometem. Em outras palavras, a maioria das pessoas tem o pensamento tolo: "Se eu cometer um erro, há algo errado comigo".

É um erro, no modo de pensar convencional, quando crianças pequenas caem enquanto estão aprendendo a andar? É um erro que uma criança de 6 anos não tenha o vocabulário de um graduado da faculdade? É um erro que uma adolescente não tenha as habilidades sociais de seus pais? Se você cometer um erro em seu talão de cheques, isso significa que você é uma pessoa má?

Por meio da *compreensão*, os conceitos de *perfeito* e de *erro* são totalmente diferentes. Sempre que fica chateado com erros ou por não ser perfeito, você está envolvido com o ego. Isso significa simplesmente que você tem uma crença de que seu próprio valor depende de ser (ou fazer com que os outros sejam) de uma certa maneira. Suas expectativas não permitem erros. A vida é cheia de *erros*. Que divertido! Você pode apreciar seus erros quando percebe que eles simplesmente fazem parte de suas experiências de aprendizado. *Você pode gostar de ser um botão de rosa até florescer plenamente como uma rosa.*

Alguém certa vez repreendeu Thomas Edison, dizendo: "É uma pena que você tenha cometido tantos fracassos antes de ser bem-sucedido".

Edison respondeu: "Eu não cometi falhas. Aprendi muitas coisas que não funcionavam e todas me deram informações valiosas para finalmente aprender o que funcionava".

As crianças pequenas não têm noção de erros. Quando caem enquanto aprendem a andar, não perdem tempo pensando na queda. Se elas se machucarem, podem chorar por alguns minutos antes de se levantar e continuar a andar. Compreender os princípios ajuda você a recapturar aquele sentimento infantil de admiração sobre os erros durante sua jornada pela vida. Erros não terão o significado convencional. Em vez disso, os erros trarão tanta alegria, interesse ou admiração quanto tudo na vida.

Se você ainda está lutando, pode ser porque é difícil desistir do pensamento convencional sobre os erros. Voltemos à analogia matemática. Às vezes é mais fácil entender um ponto quando não envolve emoções. A maioria de nós sabe que cometer erros em matemática não é desastroso. Pode parecer um incômodo revisar os números para encontrar os erros e corrigi-los até sentir gratidão pelo conhecimento que lhe permite fazer isso. Saber como corrigir erros é simplesmente parte do processo.

Também podemos usar a analogia matemática para discutir os níveis de consciência. Para alguns de nós, não saber como fazer cálculos não significa que não podemos usar adição e subtração para facilitar nossas vidas. A chave é ter gratidão pelo que você sabe, e não se preocupar com o que você não sabe.

Embora os aviões estivessem um pouco mais fora do curso do que exatamente na rota (antes dos computadores), os pilotos não perdiam tempo se preocupando. Eles simplesmente usavam seus princípios de navegação para continuar retomando a rota.

A confusão pode ser um bom sinal de progresso; pode significar que seu sistema de pensamento está sendo embaralhado. Este é um bom momento para descartar seus pensamentos, parar de tentar descobrir e deixar espaço para mensagens do seu coração. A *compreensão* pode vir do seu coração quando você menos espera.

Então lembre-se, os quatro princípios são como leis naturais. A lei natural da gravidade não inclui nenhuma regra que diga que você não deve pular de um prédio; simplesmente explica o que acontece se você fizer isso. Da mesma forma, o princípio do pensamento como uma função não inclui nenhuma regra que diga que você não deve pensar a partir de seu sistema de pensamento, simplesmente explica o que acontece quando você o faz. Essa informação pode salvar sua vida do sofrimento, assim como saber o que fazer em um redemoinho pode literalmente salvar sua vida.

Evitando a armadilha do redemoinho

Quando você está preso em seu sistema de pensamento, não adianta lutar contra seus pensamentos ou tentar controlá-los. Isso é como tentar controlar um redemoinho. Se você lutar e resistir quando for pego em um redemoinho, é provável que seja tragado por ele; se você relaxar e ficar muito quieto, ele o carregará para baixo e o cuspirá no fundo para que você possa flutuar até a superfície. No entanto, tenho um pressentimento de que, mesmo com esse conhecimento, pode ser difícil relaxar em um redemoinho – mesmo quando o resultado de não relaxar pode ser a morte.

Ao contrário de lutar contra um redemoinho, lutar contra pensamentos que o deixam infeliz não é uma questão de vida ou morte; é apenas uma questão de felicidade ou infelicidade. Na verdade, eu diria que viver na infelicidade é semelhante a viver como um *zumbi*, quando basta descartar um pensamento para viver uma vida com alegria.

Pode ser necessário um grande salto de fé para relaxar em um redemoinho, mesmo que você tenha ouvido falar sobre as vantagens de fazer isso de um sobrevivente de um redemoinho. Pode ser necessário um salto de fé semelhante para seguir as sugestões de outras pessoas que usaram os princípios para encontrar sua felicidade interior. No entanto, depois que você mesmo experimentar os resultados, vai querer relaxar e ficar quieto toda vez que se pegar em seu sistema de pensamento.

Meu atual nível de *compreensão* aumentou a quantidade de tempo que vivo com o coração; no entanto, ainda não é profundo o suficiente para me impedir de ficar presa em meu sistema de pensamento várias vezes ao dia. Eu seria tola se acreditasse que os princípios são inválidos simplesmente porque às vezes ainda fico presa. Em vez disso, sinto gratidão por minha compreensão estar desenvolvida o suficiente para não levar esses pensamentos tão a sério quanto antes. Eu fico quieta mais cedo. Eu me olho no espelho mais cedo. Eu procuro a lição mais cedo. Se ainda estou presa, recebo ajuda de alguém que *compreende*.

A *compreensão* se aprofunda à medida que você continua ouvindo com o coração. À medida que sua *compreensão* se aprofunda, você encontrará mais alegria e serenidade na vida. Fique em paz sabendo que a *compreensão* leva o tempo que for necessário.

11

QUIETUDE

A quietude não é necessariamente a ausência de ação, mas a ausência de pensamentos correndo soltos em um sistema de pensamento que os leva a sério. A verdadeira quietude nem sempre é algo que você *faz*. Pode ser uma sensação de serenidade ao realizar suas tarefas diárias, ou pode ser a simples consciência de seus pensamentos e de onde eles vêm.

Lembro-me de observar um beija-flor e *escutar* alguma sabedoria vinda do meu coração. "O beija-flor parece *frenético*, mas não é. É muito *agitado*, mas não tem pensamentos estressantes." Foi quando percebi que poderia estar muito ocupada sem ficar frenética. O beija-flor tem uma mente muito quieta.

Como já disse antes, ficar quieto não significa sacrificar a produtividade. Em vez disso, seu coração o ajudará a ser mais seletivo no que deseja produzir. Você pode ficar muito ocupado fazendo o que gosta de fazer, mas sua mente não estará *ocupada* e se estressando. O que você fizer virá de sua alegria em vez de vir de seus *"eu deveria"*.

Quietude também pode ser algo que você *faz*. Tem sido mencionado frequentemente que ficar quieto é uma excelente maneira de descartar o sistema de pensamento, ou pelo menos esperar pacientemente até que ele perca seu domínio sobre você.

Uma *compreensão* dos princípios pode levar à quietude, ou a quietude pode levar à *compreensão* dos princípios. Com *compreensão*, o silêncio é natural. Antes de entender, faz sentido se aquietar ativamente por meio de algo que você faz, como meditar, caminhar na natureza ou sentir gratidão pelos muitos milagres em sua vida. Ficar quieto fisicamente pode ajudá-lo a ouvir as mensagens do seu coração.

Você pode conseguir ficar quieto de várias maneiras: simplesmente olhando pela janela, tirando uma soneca, lendo um livro ou fazendo qualquer coisa que o distraia da ocupação do seu sistema de pensamento programado. Outra maneira de ficar quieto é por meio da meditação.

Meditação

A meditação pode levar algumas pessoas à real quietude (entrar no *silêncio* ou no *hiato entre os pensamentos*). Para outros, a meditação pode ser um momento para sentar-se em quietude enquanto está ciente de seus pensamentos – apenas *observando-os*. Alguns acham útil repetir um mantra várias vezes (como amor, paz, alegria) ou fazer uma oração repetidamente, como a oração de São Francisco de Assis. Alguns meditam contando suas respirações para obter um relaxamento profundo. Alguns meditam entoando cânticos. Alguns simplesmente sentam e ouvem a inspiração de seu coração. Em outras palavras, não existe uma maneira *certa* de meditar, mas a meditação pode fazer uma grande diferença em sua vida.

Eu quis meditar por anos, mas pensava que não conseguiria. Toda vez que eu tentava meditar em grupos, ou eu adormecia ou minhas pernas tremiam. Ficar sentada por cinco minutos me deixava louca, quanto mais por vinte minutos. Eu simplesmente não *conseguia*. Ouça o que eu dizia: eu *não conseguia*. Bem, certamente era o que parecia.

Agora medito por pelo menos vinte minutos quase todos os dias. Como vim de lá para cá? Foi preciso comprometimento com base na compreensão da importância de uma mente tranquila para acessar o coração. Por causa desse compromisso, eu me sento vinte minutos por dia – aconteça o que acontecer. Eu estou preparada para ouvir a tagarelice da minha mente por vinte minutos, se for isso que acontecer.

No primeiro dia, eu olhava meu relógio a cada cinco minutos. No segundo dia, quinze minutos se passaram antes que eu olhasse o relógio. Mas, em vez de me sentir energizada como esperava, descobri que estava totalmente esgotada. Então, tirei uma soneca. No terceiro dia, agendei uma caminhada na natureza após minha meditação para poder despertar. No quarto ou quinto dia, parei de olhar para o relógio e a meditação começou a ser maravilhosa.

A meditação é mais eficaz se você deixar suas expectativas e julgamentos de lado. Desisti de todas as minhas expectativas (exceto do meu compromisso de sentar por vinte minutos), e então todas as expectativas começaram a acontecer. Agora eu sei que não estar apegada às expectativas permite que elas aconteçam – ou não. E é assim que minhas meditações são. Às vezes recebo mensagens profundas do meu coração. Outras vezes, simplesmente sinto amor e conforto. Simplesmente! A tagarelice da minha mente vem e vai. Eu apenas deixo acontecer. (Bem, às vezes, quando a conversa fica muito irritante, posso respirar fundo ou me concentrar no amor e na gratidão.)

Durante uma de minhas meditações, recebi a seguinte mensagem: *O que é o* insight *senão a visão interior? Caminhar pela vida sem um* insight *do seu coração é como caminhar pela vida de olhos fechados.*

Na minha caminhada seguinte pela natureza, tentei andar de olhos fechados. Experimente algum dia. Encontre um caminho onde não haja outras pessoas e tente andar de olhos fechados. O que acontece? Você sente medo, desconfiança, desorientação, insegurança? Quanto tempo você consegue continuar antes de sentir que *precisa* abrir os olhos? Lembre-se, esse é um caminho onde não há outras distrações. Imagine o que aconteceria se você tentasse andar de olhos fechados em uma calçada movimentada?

Percebi que muitas vezes passo a vida pensando que meus olhos estão bem abertos, quando na verdade meus pensamentos criaram ilusões que me distraem da minha paz interior e produzem medo, desconfiança, desorientação e insegurança. Ao viver minha vida de acordo com meu sistema de pensamento, estou literalmente vivendo minha vida no escuro. *Compreender* os princípios é como acender a luz. A quietude por meio de meditações pode facilitar a *luz da compreensão.*

Qualquer um que diga que não tem tempo para meditar está dizendo que não tem tempo para abrir os olhos do coração e da alma – que prefere passar a vida no escuro.

Quanto de um filme você vê quando o vídeo está em velocidade rápida? Viver sua vida sem quietude é como manter sua vida acelerada. Você está perdendo o filme da sua vida. Faça uma pausa. Fique quieto. Reserve um tempo para meditar e observe o quanto você estará mais presente na alegria de sua própria vida.

Meditação nas tarefas diárias

Você pode experimentar um estado de meditação sem se sentar quieto. Simplesmente traga um estado de meditação para sua vida diária.

Pense em uma tarefa que você preferiria não fazer, por exemplo, lavar a louça. Respire fundo e acalme sua mente. Em seguida, lave a louça com amor. Evite pressa. Esteja envolvido totalmente no momento e traga alegria a cada movimento. Traga sua gratidão para a tarefa. É incrível o quanto você pode se sentir grato: pela comida nutritiva que você comeu, a maravilhosa invenção da água corrente, seus pratos e sua saúde – o fato de você ser capaz de lavar pratos. Às vezes reclamamos das coisas que *temos* que fazer, em vez de sentir gratidão por termos a capacidade e a oportunidade de fazê-las. Desacelere para que você possa sentir gratidão em vez de estresse.

Natureza

A quietude pode ser aprimorada em contato com a natureza. A natureza alimenta sua alma. Você precisa da natureza em sua vida para apoiá-lo, para alimentá-lo, para lhe enviar mensagens (sim, a natureza falará com você – mais sobre isso depois) e para levá-lo à alegria e à gratidão.

Todos nós gostamos de estar em contato com a natureza, seja em um parque, perto do mar, nas montanhas ou perto de um riacho, lago ou rio. Nós nos sentimos rejuvenescidos e renovados nesses lugares especiais (a menos que estejamos tão ocupados em nossas mentes que nem consigamos ver). Quando desaceleramos e curtimos a natureza, nos sentimos relaxados e tranquilos. No entanto, a maior parte do nosso tempo na vida é gasta em nossas ocupações longe da natureza. Na verdade, algumas pessoas levam consigo suas mentes ocupadas quando vão para a natureza e se privam de sua energia calmante.

Você se esqueceu da importância da natureza e de como ela realmente alimenta você? A correria do dia a dia é tão importante que você não reserva tempo para cuidar de si mesmo? Tente levar seu encantamento infantil de volta à natureza. Reserve um tempo para observá-la, senti-la e apreciá-la.

Muitos de nós, e nossos filhos, perdemos completamente a alegria do contato com a natureza. Muitos anos atrás, minha família e eu alugamos um *trailer* e passamos uma semana no Sequoia National Park. Nos primeiros dois dias, nossos filhos estavam infelizes. Eles ficaram arrasados por não poderem assistir televisão. Eles reclamaram que não havia nada para fazer. Tentamos convencê-los de que havia muito o que fazer na floresta, mas essa possibilidade parecia estar além de sua compreensão.

Por fim, porém, eles ficaram aborrecidos de tédio e começaram a colocar a cabeça para fora. Não demorou muito para que eles ouvissem o chamado da natureza. Eles brincaram nos riachos, subiram em árvores, construíram cabanas na floresta, juntaram lenha para a fogueira, fizeram caminhadas, brincaram com paus e pedras e perseguiram esquilos. Eles estavam tão vivos! No final da semana, eles não queriam sair de lá.

Essa história oferece uma lição importante. A natureza está chamando todos nós que estamos dispostos a ouvir. Nossas vidas são tremendamente enriquecidas quando deixamos a tecnologia e nossas mentes ocupadas para trás e passamos um tempo em contato com a natureza.

Todos podem encontrar um lugar para ir e comungar com a natureza. Pode ser um parque da cidade, a praia, a floresta, o deserto, uma estrada rural – ou até mesmo o seu quintal. Encontre uma pedra para se sentar, uma árvore para se apoiar ou grama para se sentar e deixe-se abrir para a energia nutridora da natureza. Esteja aberto às mensagens que você pode receber da natureza. Pergunte a uma árvore, uma pedra, uma folha ou qualquer parte da natureza que mensagem ela tem para você. Pegue um bloco de notas e um lápis para que você possa registrar a mensagem.

Compartilhei esse exercício com participantes de *workshops* em muitas ocasiões. Alguns acharam que eu devia estar brincando. No entanto, quando do voltam depois de fazer o exercício, sentem-se emocionados. As percepções que obtiveram e as mensagens que receberam são verdadeiramente inspiradoras. Enquanto eles leem suas sábias mensagens entre si, geralmente temos que passar a caixa de lenço de papel. As pessoas ficam realmente comovidas e muitas vezes veem que a mensagem que outra pessoa recebeu também é útil para elas. Você pode obter benefícios pessoais com a seguinte mensagem que *escutei* da natureza na primeira vez que pedi uma mensagem para um toco de árvore.

Mensagem de um toco

Sou um toco de árvore – sendo o que sou.

Eu não me importo com os julgamentos dos outros.

Alguns podem dizer que não tenho a magnificência da árvore alta e forte que já fui.

Mas isso não importa.

Parte de mim foi cortada e terá utilidade, tenho certeza.

Eu ainda sou bonito.

Veja os desenhos em minha casca, em minha madeira, nos nichos e fendas onde os insetos encontram refúgio.

Você pode ficar em cima de mim, ou sentar em mim e aproveitar o sol.

Minha mensagem para você sobre o amor: não há nada para ser exceto quem você é.

Olhe atentamente e veja a beleza de ser quem você é.

Você pode gostar de manter um diário de mensagens da natureza. Anote as mensagens que você recebe de diferentes partes da natureza. Um dia pode ser uma árvore. Em outro dia pode ser uma folha, uma gota de chuva, um galho, um lago, uma montanha, areia ou uma rocha. As possibilidades são infinitas, assim como as mensagens.

Mensagens espirituais em todos os lugares

As mensagens espirituais também podem ser encontradas em tudo o que acontece com você. Por exemplo, em minha caminhada certa manhã, eu estava ouvindo música e meus fones de ouvido começaram a zumbir. Eu me perguntei qual poderia ser a mensagem espiritual, mas rapidamente se tornou muito óbvia: *sua mente está zumbindo o tempo todo. Não deixe que isso interfira. Apenas deixe estar e aproveite a música. Você não precisa fazer seus pensamentos desaparecerem. Apenas não dê a eles tanta energia e outras infor-*

mações passarão. Uma coisa incrível aconteceu. O zumbido nos fones de ouvido parou. Outra coisa incrível aconteceu. Meus pensamentos agitados não pararam. Estou brincando, é claro – não é nada surpreendente que meus pensamentos continuassem zumbindo. Eles nunca param, mas que bom saber que não preciso dar tanta atenção a eles. Quando estamos abertos a mensagens espirituais, elas podem ser encontradas a qualquer momento que estejamos dispostos a recebê-las.

Vamos enfrentar uma situação aparentemente difícil. Suponha que alguém que você ama o deixe. Que tipo de mensagem espiritual poderia haver nisso? Pode ser que haja algo melhor reservado para você – talvez um relacionamento melhor, ou uma ocasião para aprender o quanto você pode gostar de estar sozinho, ou uma oportunidade para curtir seus amigos. Será que seu coração e sua alma sabem que não é bom para você estar com essa pessoa?

Todos nós já ouvimos histórias de pessoas que acreditavam que ser abandonadas por seus cônjuges era a pior coisa que poderia acontecer com elas, até que o tempo passou (às vezes anos) e elas perceberam que a partida de seus cônjuges foi a melhor coisa que poderia ter acontecido para elas.

Não podemos ouvir mensagens espirituais quando damos mais credibilidade aos nossos egos e crenças programadas do que aos nossos corações. E tudo bem. Estaremos prontos quando estivermos prontos. Se você não está pronto para ver mensagens espirituais nos chamados eventos catastróficos, comece com eventos menos emocionais. Suponha que você esteja caminhando e chegue a uma grande colina. Você está cansado e *acha* que não vai conseguir. Sintonize a mensagem da colina. A primeira pergunta que você pode ouvir é: "Você realmente *quer* escalar esta colina?". Talvez seja hora de dar meia-volta e seguir em outra direção. Se você quiser subir a colina, poderá receber outras mensagens, como "Desacelere. Qual é a pressa? Tire um tempo para descansar. Vá um passo de cada vez. Faça uma pausa e olhe para a bela paisagem ao seu redor". Outra mensagem pode ser que a subida difícil fortalecerá seus músculos e o ajudará a ficar mais em forma. Então vem a parte divertida. Concentre-se em um problema que você acha que está tendo em sua vida. Veja se alguma das mensagens que você recebeu é útil.

Acalmar sua mente e ego (descartando seu sistema de pensamento) cria abertura para muitas possibilidades incomuns e alegres. Em seu livro *A Return to Love* (Um retorno ao amor), Marianne Williamson confirma o que acontece quando esquecemos que nós criamos nossos sistemas de pensamento e egos.

Nem todo mundo escolhe atender ao chamado de seu próprio coração. Como todos nós estamos muito conscientes, as vozes altas e frenéticas do mundo exterior facilmente abafam a pequena e amorosa voz interior.[1]

Muitos de nós que buscamos tranquilidade usamos o ego de nosso sistema de pensamento para nos derrotar de várias maneiras. Quatro maneiras são: expectativas, julgamentos autodestrutivos, falta de consciência e não ver o presente em todas as coisas.

Expectativas

George fez uma bela meditação. Ele se sentia conectado com sua alma. Ele sentiu amor e alegria. A energia era tão forte que ele caminhou em êxtase por um dia. Na manhã seguinte, ele meditou e ficou muito desapontado. Sua experiência não foi nada como no dia anterior. Ele passou o resto daquele dia em depressão total. O que tinha acontecido?

As expectativas de George atrapalharam. Ele queria que sua segunda meditação fosse exatamente como a primeira. George não sabia disso, mas suas expectativas se tornaram parte de seu sistema de pensamento programado.

Julgamentos autodestrutivos

Então George permitiu que seus julgamentos assumissem o controle. Ele se culpava por não ter um nível de consciência *elevado o suficiente* para meditar *direito*. Ele se comparou com outros que certamente tiveram melhores experiências de meditação do que ele – o tempo todo.

Falta de consciência

Claro, George não sabia que eram suas expectativas e julgamentos que estavam criando bloqueios. Se ele soubesse disso, poderia tê-los dispensado

---

1   Marianne Williamson, *A Return to Love* (New York: Harper Paperbacks, 1992), p.35.

para estar mais aberto ao seu coração – sem se apegar ao resultado. Julgamentos e expectativas não podem assumir o controle, a menos que deixemos. Deixamos que eles assumam o controle quando esquecemos que eles não têm vida própria – nós os criamos. A consciência leva à *compreensão*, ou a *compreensão* leva à consciência. Podemos então estar abertos para ver os presentes em tudo o que acontecer.

Não ver o presente em todas as coisas

George tinha ouvido falar sobre ver o presente em todas as coisas. No terceiro dia, ele sentou-se em meditação e pediu a seu coração que lhe mostrasse o presente daquilo que estava experimentando. Ele logo recebeu uma visão sobre suas expectativas e seus julgamentos e riu. Ele então percebeu com que frequência permitia que suas expectativas e julgamentos o impedissem de ver as dádivas em suas experiências de vida. Ele também não teve a mesma experiência de sua meditação no primeiro dia todas as vezes, mas parou de compará-las. Ele sentiu alegria total no que experimentou.

Outra mensagem que chegou a ele foi: *O que é, É*. Ele já ouvira isso antes, mas agora tinha um novo significado para ele. Ele sabia que em alguns dias poderia não receber nenhuma mensagem, mas que sentar-se em quietude durante seu tempo de meditação seria o suficiente – um belo presente. Quando se sentia bloqueado, ele sintonizava com os bloqueios e via se eles tinham algo a lhe ensinar.

Ele começou a sentir gratidão por tudo: seu sistema de pensamento, seu ego, os quatro princípios que o ensinaram a *brincar* com seus pensamentos em vez de levá-los a sério e as lições de vida que aprendeu. Acima de tudo, ele sentiu gratidão pela compreensão que o ajuda a se conectar com seu coração sempre que quiser.

Quietude é a humildade que você sente na ausência de pensamentos e crenças preocupantes. Em um estado de espírito quieto e humilde, você terá uma experiência de vida diferente. O mundo parece muito diferente quando visto através de seus sentimentos naturais de amor, gratidão e compaixão – por você e pelos outros.

Aproveite a quietude.

12

AO CONTRÁRIO DA OPINIÃO POPULAR

O pensamento convencional é muito diferente da sabedoria do coração. Neste capítulo, desafiarei algumas crenças populares. Uma das crenças perpetuadas pelo pensamento convencional é a de que você pode *dar* autoestima a outra pessoa.

Autoestima

Você notou que a autoestima, conforme definida pelo mundo, é muito fugaz? Em um minuto você tem e no seguinte não – dependendo do que você faz ou do que os outros pensam. Quando você faz algo bem, ou alguém o elogia, você se sente bem e experimenta a autoestima. Porém, quando você não se sai bem, ou quando alguém o critica, sua autoestima desaparece.

Wayne Dyer conta a história de uma mulher que acreditava ser inadequada porque seu marido dizia que ela era. Ela reclamava: "Ele me dá um complexo de inferioridade".

Wayne perguntou brincando: "Como foi que ele deu a você um complexo de inferioridade? Ele comprou em uma loja para dar de presente a você?".

A mulher ficou confusa, então Wayne continuou: "Se seu marido dissesse que você é um carro, isso faria de você um carro?". Ela respondeu: "Claro que não".

Wayne insistiu: "Espere um minuto. E se ele tentasse colocar gasolina em seu ouvido; então você acreditaria que é um carro?".

Ela riu: "Não, eu não sou um carro".

Wayne concluiu: "Então por que você acredita que é inadequada? Obviamente ele não pode fazer você acreditar em nada em que você decida não acreditar".

O complexo de inferioridade dessa mulher não veio das críticas de seu marido, mas de *seus pensamentos sobre* as críticas dele. Se ela descartasse seus pensamentos sobre os comentários do marido, de coração, ela saberia que o que ele diz vem de sua realidade distinta. Ela veria a inocência e a insegurança por trás do que ele está dizendo.

Com *compreensão*, ela saberia o que fazer. Em vez de levar a sério os pensamentos dele, ela poderia se sentir inspirada a abraçá-lo, fazer uma piada, dar um passeio, deixá-lo ou qualquer coisa que sua sabedoria interior a levasse a fazer. Você já notou que as pessoas não fazem uso de intimidação com outras pessoas que não caem nessa armadilha? Quando ela parar de cair na armadilha, o marido parará com isso. Se ele não o fizer, sua sabedoria interior pode levá-la ao próximo passo.

A verdadeira autoestima é um dos bons sentimentos naturais inerentes a todo ser humano. A autoestima do sistema de pensamento é um estado mental momento a momento. Autoestima permanente é uma questão que vem do coração, não da cabeça.

Regras

Muitas regras são baseadas no medo. Algumas pessoas temem que, sem regras, a anarquia prevaleça – estupro, assassinato, mentira, trapaça e roubo. Isso não é verdade. A maioria das pessoas não consideraria esses atos mesmo que não houvesse leis contra eles. E as pessoas que praticam esses atos não são impedidas por leis. As pessoas que desfrutam de sua sabedoria interior fazem coisas positivas naturalmente – sem regras.

À medida que sua *compreensão* se aprofundar, você perceberá que, ao viver com o coração, não precisa de regras. As regras são como *deveres*, com um senso de punição e recompensa anexado. Princípios são leis naturais, que ajudam você a compreender as consequências naturais do que você faz.

À medida que seu coração o guiar a cada dia, você experimentará resultados positivos e aproveitará a vida. Por outro lado, o que acontece quando você confia em regras? A regra se torna mais importante do que a intenção da regra. O *espírito* da lei torna-se a *letra* da lei e geralmente provoca a rebelião ou culpa e obediência cega. A alegria de fazer o que é *certo*, porque é bom, se perde.

O sistema de pensamento incita todos os tipos de *maldades*. Alguns usam as regras para fazer julgamentos contra os outros (que não estão obedecendo às regras de forma satisfatória), ou usam as regras contra si mesmos – julgando-se por não obedecer às regras o suficiente. Os autojulgamentos criam depressão, insegurança, quebra de regras e mais autojulgamento: um ciclo vicioso. Quando agem pelo coração, as pessoas praticam o que faz sentido de forma amorosa e respeitosa.

Embora os quatro princípios possam soar como regras, eles não são. Um princípio é como um mapa rodoviário: não inclui regras sobre aonde você *deve* ir, mas permite que você saiba onde está ou aonde chegará, dependendo da direção em que estiver viajando. Se você está na Virgínia e quer ir para Nova York, não faz sentido ir para o sul. Os quatro princípios permitem que você saiba que, se estiver se sentindo mal e quiser se sentir bem, não faz sentido usar seu sistema de pensamento e levar a sério seus pensamentos negativos.

Ao transformar qualquer um dos exemplos ou sugestões deste livro em regras, você os torna parte de seu sistema de pensamento – alterando-os para além do reconhecimento de sua sabedoria interior. Eles deixam de ser princípios.

Decisões

Ao contrário da opinião popular, não é útil tentar entender as coisas ou tomar decisões quando você está chateado. Isso apenas o mantém profundamente enredado em seu sistema de pensamento e é tão ineficaz quanto manter o pé no acelerador para sair de uma vala enquanto o pneu cava cada vez mais fundo na areia.

Se você tiver alguma dúvida sobre o que fazer, ou se quiser fazer algo por causa de sentimentos negativos, como raiva, deixe que essa seja a sua pista de que você está perdido em seu sistema de pensamento. Fique quieto e espere que os sentimentos negativos passem para que sua sabedoria interior possa vir à tona. Você saberá que as decisões são inspiradas em seu coração quando elas produzem resultados pacíficos. Você não duvidará da adequação delas, mesmo que ouça uma mensagem contrária de seu sistema de pensamento.

Na verdade, o conceito de tomada de decisão muda com a compreensão dos quatro princípios. O conceito popular de tomada de decisão implica escolha ou esforço. Com *compreensão*, as decisões se assemelham mais a coisas óbvias e sensatas a serem realizadas. Deepak Chopra discute isso como *A Lei do Menor Esforço*, a quarta das *Sete Leis Espirituais do Sucesso*:

> Menos esforço é feito quando suas ações são motivadas pelo amor, porque a natureza é mantida unida pela energia do amor. Quando você busca poder e controle sobre outras pessoas, desperdiça energia. Quando busca dinheiro ou poder para o bem do ego, gasta energia perseguindo a ilusão de felicidade em vez de aproveitar a felicidade no momento. Quando busca dinheiro apenas para ganho pessoal, você corta o fluxo de energia para si mesmo e interfere na expressão da inteligência da natureza. Mas, quando suas ações são motivadas pelo amor, não há desperdício de energia. Quando suas ações são motivadas pelo amor, sua energia se multiplica e se acumula – e o excesso de energia que você acumula e desfruta pode ser canalizado para criar qualquer coisa que desejar, inclusive riqueza ilimitada.[1]

Recentemente eu estava tentando tomar uma decisão sobre como lidar com uma situação em que me senti tratada com injustiça por um amigo. Achei que tivesse feito algum progresso em virtude da minha disposição para assumir a responsabilidade pelo modo como havia ajudado a criar a situação. Eu sabia que ainda estava em meu sistema de pensamento, no entanto, porque queria confrontar meu amigo, dizer a ele como me sentia e deixá-lo saber que eu não permitiria mais tratamentos injustos. Essa decisão não criou bons sentimentos.

---

1   Deepak Chopra, *The Seven Laws of Spiritual Success* (San Rafael: Amber-Allen Publishing & New World Library, 1994).

Resolvi ficar quieta e meditar um pouco. Não demorou muito para eu receber uma mensagem: *Você vai usar o poder do amor ou o poder da raiva? Compartilhar seus sentimentos por amor será muito mais eficaz do que compartilhá-los por raiva. Não haverá senso de culpa. Você simplesmente praticará o que sabe sobre como identificar um problema e encontrar uma solução. Assumir a responsabilidade é muito mais eficaz quando se faz por amor do que por raiva.*

Mais uma vez, vi como é fácil criar regras a partir da sabedoria. Eu tinha enxergado a sabedoria ao assumir responsabilidade pela forma como contribuo para as situações. Nessa situação, no entanto, eu estava fazendo disso uma regra, o que não me ajudou a me sentir melhor. Assim que usei minha bússola de sentimentos para saber que estava em meu sistema de pensamento, tornei-me receptiva para uma nova inspiração do meu coração.

Quando conversei com meu amigo, consegui expor o problema sem emoções negativas. Eu simplesmente disse: "Isso é um problema e eu sei que podemos encontrar uma solução". E o fizemos porque ele não se sentiu na defensiva, como provavelmente se sentiria se eu o tivesse atacado.

É fácil transformar uma decisão bem-sucedida em uma regra. No entanto, uma decisão pode fazer sentido em uma situação mas não em outra. Por mais semelhante que seja a situação, ela pode exigir uma decisão completamente diferente em outro momento ou para outra pessoa. Somente sua sabedoria interior pode guiá-lo.

O ócio é a oficina do diabo

Muitos de nós aprendemos que o *ócio é a oficina do diabo*. A verdade é que a *quietude é a oficina do coração*. A quietude permite que você esteja aberto para a inspiração. No entanto, muitas pessoas temem não ser produtivas se não estiverem constantemente ocupadas.

Vou repetir que a produtividade da inspiração produz felicidade, enquanto a produtividade do sistema de pensamento produz infelicidade. Você pode ser produtivo em realizações, na prosperidade material ou uma casa impecável enquanto sua vida pessoal está desmoronando. Ou você pode ser produtivo tentando encontrar satisfação fora de si mesmo e se perguntar por que nunca se sente satisfeito.

Novamente, nunca é *o que* você faz que importa, mas sim por que você faz e como se sente ao atingir seus resultados. Quando você está ocioso porque está feliz e só quer aproveitar a vida, encontra mais felicidade. Quando você está ocioso porque está infeliz, deprimido ou entediado, seu descontentamento piora.

Televisão

Hoje existe uma opinião popular de que assistir televisão é perda de tempo. Talvez sim, talvez não. Você pode ver televisão como parte de seu prazer de viver ou como um esforço para escapar da vida. Você pode evitar ver televisão porque tem medo do que os outros vão pensar, ou porque adotou a noção de que apenas pessoas sem instrução, que não têm nada melhor para fazer, assistem televisão.

O mesmo poderia ser dito de qualquer atividade ou inatividade na vida. Quando alcançar felicidade e paz de espírito é seu único objetivo, você saberá o que fazer, independentemente do que alguém possa pensar ou dizer.

Fazer

O que você faz depende do seu estado de espírito. Quando você permite que seus bons sentimentos naturais venham à tona, o que você faz nesse estado mental feliz será diferente do que você faz em um estado mental criado por seu sistema de pensamento.

Deixe-me dar um exemplo. Quando você é *legal* porque acha que é assim que *deveria* se comportar, haverá uma insatisfação persistente. Frequentemente existem amarras – expectativas como "Se eu for legal, as coisas devem acontecer do meu jeito" ou "Então as pessoas vão me amar". O mundo parece diferente quando você é *legal* porque parece a coisa natural a fazer. Você experimentará satisfação e contentamento. Não há restrições. Há verdadeira alegria em fazer.

Às vezes você pode se sentir inspirado a fazer algo legal, mas seus pensamentos se infiltram e o transformam em um *dever*. Você saberá que isso aconteceu quando seus sentimentos mudarem de pacíficos para estressantes, ansiosos ou ressentidos. Uma amiga compartilhou como isso aconteceu com ela. Ela adorava fazer biscoitos para amigos e familiares durante as férias, mas em determinado ano percebeu que não era mais divertido porque ela sentia que deveria fazer biscoitos para uma longa lista de pessoas. O que ela havia começado a fazer com o coração passou a ser feito com seu sistema de pensamento e a alegria se foi.

Vivemos em um mundo acelerado. Há muita coisa a *fazer* e não há tempo suficiente para *ser*. O ego do sistema de pensamento prospera em um mundo agitado. A sabedoria do coração prospera em um mundo tranquilo. Sua sabedoria interior está sempre com você, mas você não pode ouvi-la se não desacelerar. Quero enfatizar novamente que desacelerar não significa que você deva ficar entediado ou improdutivo, conforme ilustrado no conto de fadas a seguir.

Um conto de fadas com duas princesas

Era uma vez duas princesas: Princesa Dew e Princesa Bee. A princesa Dew estava muito ocupada fazendo coisas para outras pessoas, tentando fazê-las felizes. Algumas pessoas adoravam o que a Princesa Dew fazia por elas, mas, em vez de ficarem felizes, elas simplesmente queriam mais. A princesa Dew se esforçava para fazer mais por eles, esperando que algum dia eles ficassem felizes. Outras pessoas não gostavam do que ela fazia por elas, *para o bem delas*, e desejavam que ela parasse de interferir.

A princesa Dew ficou exausta, amarga e frustrada porque as pessoas não valorizavam tudo o que ela fazia por elas. Ela estava muito infeliz. Ninguém queria estar perto dela.

A Princesa Bee também estava muito ocupada – sendo feliz. Ela gostava de quase tudo: arco-íris e nuvens, dias chuvosos e ensolarados. Ela gostava especialmente de pessoas. Ela adorava vê-las *ser*. As pessoas adoravam estar perto dela. A felicidade dela era contagiante.[*]

---

[*]   N. T.: em inglês, Dew (orvalho) tem som de "do", que significa fazer, e Bee (abelha) tem som de "be", que significa ser ou estar.

Serviço

O conto de fadas da princesa Bee e da princesa Dew não pretende sugerir que não devemos fazer coisas pelos outros. Um estado de espírito feliz provavelmente irá inspirá-lo a servir os outros da maneira que puder. O que você fizer, entretanto, não virá de *deveres* ou segundas intenções, e não será condicional. O serviço será pela alegria do momento.

Você também saberá quando prestar serviço a si mesmo. Cuidar de si mesmo não é egoísmo quando é inspirado pelo seu coração. *A melhor coisa que você pode fazer por si mesmo e por seus relacionamentos é cuidar de si mesmo e ser feliz.*

Egoísmo

É comum ter fortes opiniões negativas sobre o egoísmo, e, de fato, o egocentrismo que vem do sistema de pensamento se parece com as definições populares de egoísmo. O interesse próprio que vem do coração e de um estado mental feliz, entretanto, tem uma aparência diferente.

A diferença está na base. O egoísmo do sistema de pensamento é baseado no ego, presunção, ressentimento, rebelião ou total desrespeito pelos outros – tudo baseado na ilusão de insegurança. O interesse próprio do coração é baseado nos sentimentos de amor e na alegria de viver. Com esses sentimentos, você desejará fazer tudo o que sua sabedoria interior o levar a fazer para aproveitar a vida.

Por causa de suas antigas crenças sobre o egoísmo, você pode deixar seu sistema de pensamento convencê-lo de que fazer o que você quer fazer é *egoísta*. Se você seguir os sentimentos de seu coração, no entanto, saberá a diferença, não importa o que os outros pensem.

Um dia, Mary teve vontade de dar um longo e agradável passeio. Ela recebeu uma mensagem de seu sistema de pensamento: "Você não deve dar um passeio quando tem tantas outras coisas para fazer, como limpar a casa e fazer compras". Ela dispensou seus pensamentos e ouviu seu coração. Ela foi passear e aproveitou o lindo dia. Sua família voltou para casa para encontrar uma esposa e mãe que se sentia feliz. Eles gostaram de estar perto dela e sentiram seu amor.

Martha também queria dar um passeio, mas ouviu os *deveres* de seu sistema de pensamento. Ela se sentia deprimida e não limpou muito bem a casa. Sua família voltou para casa para uma esposa e mãe que se sentia infeliz.

Se você está se perguntando "Como é que algo será feito se sempre fizermos o que quisermos, em vez de fazer o que realmente precisa ser feito?", você não entendeu. No dia seguinte, Martha foi dar um passeio, mas ainda se sentia deprimida porque se sentia culpada. Mary ficou em casa e limpou a casa e ainda se sentiu feliz.

A partir de um sentimento de felicidade, Mary consegue saber o que é importante para o seu próprio bem-estar e o da sua família. Sentindo-se infeliz, Martha se sentirá insatisfeita, não importa o que ela faça. Por exemplo, Martha tem dificuldade em fazer os filhos cumprirem suas tarefas, enquanto Mary tem inspiração para obter a cooperação de seus filhos. Quando Mary limpa a casa, é porque ela gosta de uma casa limpa, não porque ela é compulsiva ou segue os *deveres*. Quando Martha limpa a casa, ela está tentando provar que é uma boa esposa e mãe. No entanto, só o fato de ela achar que precisa provar que é uma boa esposa significa que ela não acredita que seja, então ela nunca será capaz de provar isso.

Em seu coração, você sabe que não há nada a provar. Essa é uma função do sistema de pensamento. Quando desfruta de uma boa vida vivendo com o coração, você está criando serenidade em sua casa e no mundo. A felicidade e a paz de espírito são contagiantes.

O caminho para o inferno é pavimentado com boas intenções

Saber que as pessoas têm boas intenções pode inspirar compaixão em vez de julgamentos. Quando as boas intenções falham, geralmente é porque as inseguranças produzidas pelo pensamento criam desvios.

Todos nós temos boas intenções de ser felizes e fazer o melhor que pudermos com base em nosso atual nível de compreensão. As pessoas que cometem os crimes mais hediondos realmente "não sabem o que fazem". Elas estão profundamente enraizadas em um sistema de pensamento programado, em que a *compreensão* está além de sua realidade.

O perdão é fácil quando entendemos as boas intenções de nós mesmos e dos outros; é difícil quando prestamos atenção ao comportamento resultante das inseguranças produzidas por um sistema de pensamento distorcido.

As pessoas presas em seu sistema de pensamento e comportamentos negativos criam uma espécie de inferno para si mesmas. São nossos julgamentos sobre elas que levam ao nosso próprio tipo de inferno. Compreender que todos têm boas intenções pode libertar você.

Uma pessoa sem objetivos é como um navio sem leme

Em alguns casos, uma pessoa com objetivos pode ser como um barco, não sem leme, mas com o leme preso em uma posição. Estar sem metas nos permite aproveitar as oportunidades à medida que elas aparecem.

Eu sei que estou ficando repetitiva, mas, novamente, o segredo é de onde vêm os objetivos. Os objetivos do coração serão muito diferentes dos objetivos do sistema de pensamento.

As resoluções de Ano-Novo muitas vezes falham após uma breve explosão de sucesso porque podem exigir muita energia para satisfazer o ego. Então, desistimos. No entanto, o sucesso é fácil quando se segue a inspiração do coração.

Deepak Chopra descreve a diferença entre vir do sistema de pensamento ou do coração quando escreve:

> Aprenda a aproveitar o poder da intenção e você poderá criar qualquer coisa que desejar. Você ainda pode obter resultados por meio de esforço e tentativa, mas a um custo. O custo é estresse, ataques cardíacos e a função comprometida do seu sistema imunológico.[2]

Muitas vezes olhamos para alguém que está realizando algo e dizemos: "Uau, ela realmente tem autodisciplina e se mantém firme em seus objetivos". Se você olhar mais de perto, poderá descobrir que ela não está seguindo um objetivo, mas uma inspiração. A inspiração fornece energia, enquanto os ob-

---

2   Deepak Chopra, *The Seven Laws of Spiritual Success* (San Rafael, CA: Amber-Allen Publishing & New World Library, 1994) pp.75-76.

jetivos do sistema de pensamento drenam energia. É difícil não seguir a inspiração, mas pode ser difícil reunir energia para perseguir objetivos de outras fontes. As metas que você definir de coração e alma serão preenchidas com paixão. Alcançá-las será um trabalho de pura alegria, em vez de um trabalho de pressão e pavor.

Tudo que merece ser feito, merece ser bem-feito

A máxima "Tudo que merece ser feito, merece ser bem-feito" pode ser verdadeira se *bem* significar apenas que você gosta de fazer, mas *bem* é geralmente um julgamento, com implicações de perfeição. Crenças sobre a perfeição muitas vezes tiram a alegria de fazer.

Quantas pessoas não cantam por diversão porque sentem que não conseguem cantar bem o suficiente? Esse é apenas um exemplo das muitas coisas que as pessoas evitam fazer por prazer porque têm medo de não cumprir o julgamento de fazer *bem*. Tudo que merece ser feito, merece ser feito por diversão!

Sugestões

Não importa se você optar por não seguir *nenhuma* das sugestões propostas neste livro; o único propósito dele é ajudar você a ver os princípios. Se você não enxergar a sabedoria por trás das sugestões, elas simplesmente parecerão mais *regras* e *deveres* e só criarão mais insegurança, fardos, discussões ou outras insatisfações. Se uma sugestão não inspirar uma visão de sua sabedoria interior, simplesmente a esqueça e continue ouvindo seu coração e você receberá inspiração quando menos esperar.

As sugestões sobre o que *fazer* serão significativas apenas se você sentir uma confirmação em seu coração. Quando você sente a verdade em seu coração, as sugestões podem desencadear suas próprias percepções e lições de vida.

A confirmação do coração significa que você captou mais o sentimento do princípio do que as palavras. Siga a sabedoria do seu coração e você saberá exatamente o que fazer. Seus bons sentimentos inerentes o guiarão para eliminar o estresse e encontrar serenidade em sua vida e em seus relacionamentos.

13

DESVIOS

Existem muitos desvios que podem impedi-lo de acessar seus bons sentimentos naturais inatos. Por exemplo, é fácil descer pelo *grande desvio com R maiúsculo, a "Raiva",* quando seu sistema de pensamento está no controle.

Raiva

Você pode ficar com raiva quando as pessoas não dirigem da maneira que você deseja ou quando os outros não respondem como você deseja, exatamente no momento que você deseja (de preferência lendo sua mente). Você pode ficar irritado quando o equipamento não funciona da maneira que você deseja ou quando um vendedor não se comporta como se você fosse o cliente mais importante da loja. Você fica com raiva por ficar em filas (por que todas essas outras pessoas estão aqui?). Você pode ficar especialmente irritado quando alguém fica com raiva de você. Tenho certeza de que você poderia adicionar algo a essa lista.

Quando as pessoas veem sua raiva como realidade, elas têm diferentes maneiras de expressá-la. Às vezes elas verbalizam sua raiva, às vezes ficam de mau humor e às vezes têm um acesso de raiva silencioso contra si mesmas e ficam deprimidas. Elas sentem muita falta da beleza da vida quando fazem esse desvio.

Outro desvio comum é a crença de que existem certas coisas que justificam a raiva. É normal sentir raiva ao perceber que você foi desrespeitado de alguma forma. Contudo, manter a raiva por esse ou qualquer outro ato imoral não resolve nada; só faz você se sentir mal e o impede de aproveitar a vida *agora* ou de acessar sua sabedoria interior para saber o que fazer.

Christine Heath, terapeuta do Hawaii Counseling and Education Center e do Minneapolis Counseling and Education Center, trabalhou em sessões de terapia de grupo com sessenta mulheres vítimas de estupro ou incesto. Durante muitos anos essas mulheres falaram sobre a sua raiva, bateram em almofadas e gritaram e berraram sobre essa raiva. Elas passaram horas confirmando que o que havia acontecido com elas no passado era o motivo pelo qual não conseguiam manter empregos, eram alcoólatras e não podiam ter relacionamentos duradouros.

Depois de Christine ter aprendido sobre os quatro princípios, ela pediu desculpas às mulheres dos seus grupos: "Sinto muito, mas tenho feito tudo errado. A partir deste momento não vamos mais ficar pensando no passado, mas falaremos sobre alguns princípios que ensinarão a vocês como ter felicidade e paz de espírito agora".

Algumas mulheres desistiram porque não queriam abandonar sua raiva. As mulheres restantes logo aprenderam a aproveitar a vida quando pararam de viver no passado através dos seus sistemas de pensamento. Um acompanhamento de dois anos mostrou que elas mantiveram seus bons sentimentos e tiveram sucesso em seus empregos e relacionamentos. Algumas estavam se preparando para se tornar terapeutas ou educadoras, para poder compartilhar o que aprenderam.

Uma mulher apareceu em um painel com outras vítimas de estupro. Ela era obviamente uma pessoa muito feliz. O moderador do painel questionou-a: "Você não sente raiva? A sua experiência de estupro não afetou seu relacionamento com os homens? Por que você está tão feliz?".

Ela respondeu: "Essa experiência ocupou onze minutos da minha vida. Não pretendo perder mais um segundo com isso em meus pensamentos. A vida é tão cheia de coisas boas para desfrutar, por que eu deveria perder tempo pensando no passado?"

Quando você não gosta do que aconteceu no passado, não faz sentido ficar recriando isso em seus pensamentos e depois multiplicar a infelicidade adicionando raiva.

Existe um consenso popular de que, se não liberar sua raiva, você irá armazená-la e ela irá envenenar você. Isso pode ser verdade quando você vive de acordo com seu sistema de pensamento. A raiva armazenada baseada em percepções e crenças passadas pode evoluir para doenças físicas e destruir relacionamentos. A pesquisa de *biofeedback* sugere que um momento de raiva provocada pelo pensamento suprime substancialmente o sistema imunológico durante oito horas. Outras pesquisas demonstram a eficácia curativa dos bons sentimentos naturais do coração.

Obviamente, não é uma boa ideia armazenar raiva. A chave é *como* se livrar dela. Uma maneira é *compreender* a capacidade de raciocínio que criou os pensamentos que levaram à raiva e depois descartá-los. Outra maneira é compartilhar como você se sente (não como outra pessoa *fez* você se sentir) de uma forma que leve ao esclarecimento de realidades distintas. O que você faz não é tão importante quanto o estado de espírito por trás do que você faz. Compartilhar como você se sente com o coração é muito diferente de compartilhar seus sentimentos com base no seu sistema de pensamento.

Outra forma de descarregar a raiva (literalmente) é procurar a lição, ou presente. Sua raiva pode conter uma mensagem de vida muito importante para você. A raiva se transforma em ressentimento quando você perde a mensagem mas mantém o mensageiro. Já discutimos como *olhar no espelho* em busca de reflexos seus pode levar à *compreensão*. Experimente os métodos para ficar quieto discutidos no Capítulo 11. Como todos os pensamentos negativos, a raiva perde o poder quando vista com *compreensão*. Agindo com o coração, você saberá o que fazer.

O amor transforma a raiva. O coração vê a inocência. O coração sente compaixão. O coração *compreende*. As crenças de cura do passado podem ser tão completas que as decisões do passado desaparecem.

Mais sobre o passado

O passado pode ser um desvio popular, a menos que a consciência das crenças passadas leve à sua rejeição ou que ocorra a cura das crenças inconscientes.

Por meio de pesquisas sobre o cérebro, descobriu-se que nossos cérebros são recipientes de armazenamento para tudo do nosso passado. Wilder

Penfield[1] descobriu que poderia sondar qualquer parte do cérebro e o paciente se lembraria dos detalhes de eventos específicos do passado, incluindo cheiros e sensações:

> Quando Penfield considerou os seus resultados, descobriu-se que o cérebro continha um número incontável de clipes de filmes, cada um com som e imagem, de acontecimentos vívidos do passado do paciente. A repetição evocaria, também, as emoções que acompanharam as experiências originais.[2]

O cérebro também armazena nossas interpretações de eventos passados, mesmo que elas não estejam corretas. O sistema de pensamento transforma essas interpretações em crenças que funcionam como filtros para nos impedir de ver a verdade no momento. Permanecemos no presente quando vivemos com o coração.

Assim, embora o cérebro armazene tudo do passado, é necessário um sistema de pensamento para interpretar esses eventos. O passado não pode existir a menos que pensemos nele, mas muitos passam a vida toda nesse desvio. Valerie Seeman Moreton ensina:

> Às vezes é necessário um processo de cura para expor o pensamento ou crença subconsciente por trás da raiva, mágoa ou qualquer outra emoção debilitante. Uma parte importante da cura é "colocar-se no lugar de outra pessoa"... Entre na cabeça dessa pessoa para compreender e identificar os seus pensamentos, sentimentos e intenções, [...][3]

Um processo de cura pode ajudar o indivíduo a compreender verdadeiramente realidades distintas com compaixão e perdão. Na primeira vez, Valerie me conduziu através de seu processo de cura, que ela chama de Processo Kalos – um processo realizado de olhos fechados que ocorre durante um estado de relaxamento profundo. Ela fez testes musculares para determinar quando foi que eu decidi que não era boa o suficiente. (Ela

---

1 Jefferson Lewis, *Something Hidden: A biography of Wilder Penfield* (Garden City, New York: Doubleday & Company, Inc., 1981), p.201.
2 Lewis, p.198.
3 Valerie Seeman Moreton, ND, *Heal the Cause* (San Diego: Kalos Publishing, 1996) p.339.

simplesmente presumiu que eu tinha tomado essa decisão porque é uma conclusão universal para a maioria das crianças.) Eu testei como forte (meu braço erguido tinha força) quando ela perguntou: "Foi aos 2 anos de idade?". Valerie então perguntou: "O que aconteceu quando você tinha 2 anos?". Eu não tinha ideia, então ela me pediu para inventar algo. Eu sabia que qualquer coisa que eu inventasse faria parte do meu subconsciente, então *inventei* a seguinte memória e fiquei surpresa ao ver como isso parecia real para mim.

"Tenho 2 anos e meu pai está balançando meu irmãozinho de 6 meses no joelho. Estou me perguntando por que ele não me balança no joelho. Estou decidindo que é porque não sou boa o suficiente."

Valerie disse: "Vamos dar uma olhada nisso. Você está disposta a entrar na cabeça do seu pai, sabendo que ele não pode fazer mal a você e você não pode fazer mal a ele?" (Abordagem Kalos).

Eu concordei.

Valerie então falou comigo como se eu fosse meu pai e perguntou: "O que você vê na sua frente?"

Meu pai (por meio de mim) respondeu: "Um garotinho fofo que estou balançando no meu joelho e uma garotinha adorável com cabelos loiros cacheados."

Valerie: "Você ama essa garotinha?"

Meu pai: "Claro que a amo."

Valerie: "Por que você não a balança no joelho?"

Meu pai: "Não se brinca assim com meninas. Elas são muito delicadas."

Valerie: "Você pode dizer a ela que a ama?"

Meu pai: "Não sei por quê, mas me sinto muito desconfortável em dizer isso. Talvez seja porque nunca ouvi meus pais dizerem isso."

Meu pai não precisou ir mais longe. De repente, senti completa compreensão, compaixão e perdão. Passei anos lidando com minha crença de que meu pai não me amava, o que devia significar que eu não era boa o suficiente, o que devia significar que precisava provar que sou boa o suficiente, o que nunca funcionou. Agora eu não conseguia mais *me livrar* dessas falsas ilusões. Eu sabia, sem sombra de dúvida, que meu pai me amava e demonstrara isso da melhor maneira que podia (da mesma forma que seus pais demonstraram amor por ele), com muitos sermões, apontando erros em uma tentativa equivocada de motivar melhorias, e sem demonstrações físicas ou verbais de afeto. Compaixão e amor não eram apenas palavras para mim. Esses sentimentos eram profundos. Eu também sabia que isso não teria importância, mesmo que meu pai não me amasse. Isso se referia a ele, não a mim.

Insegurança

Embora a insegurança seja apenas mais um pensamento, ela pode ser muito poderosa quando levada a sério. A maioria dos problemas que criamos para nós mesmos baseia-se na ilusão da insegurança. Em outras palavras, se alguém diz ou faz algo que magoa você, é por causa da insegurança dele ou dela. O fato de você se sentir magoado se deve à sua própria insegurança. Por que você se sentiria magoado com o que outra pessoa diz ou faz, a menos que seu sistema de pensamento esteja levando os pensamentos dela a sério?

A insegurança provocada pelo pensamento (seja consciente ou subconsciente) pode aparecer na forma de agressividade, timidez, abuso de drogas, hipocrisia, egoísmo, sentimentos de inadequação, necessidade de provar valor próprio por meio de conquistas ou de qualquer outro *mau comportamento* destinado a compensar excessivamente a ilusão da insegurança. O alívio temporário pode ser encontrado por meio de conquistas ou outras formas de compensação, mas não dura. Agindo com seu coração, você não julgará esses comportamentos, você vai *compreender*.

A insegurança ilusória pode levá-lo a adotar os sistemas de crenças dos outros ou a imaginar que os outros são a fonte do seu valor próprio. É fácil ver como isso ocorre quando somos pequenos. Queremos muito ser amados e pertencer. Não sabemos mais do que ouvir nossos pais, que muitas vezes estão ouvindo seus sistemas de pensamento.

A adolescência frequentemente representa um período vulnerável porque os adolescentes desejam muito se adaptar. E, quando os adolescentes cedem à pressão dos colegas, eles renunciam à capacidade de ouvir a sua sabedoria interior. Que diferença faria para eles compreenderem os quatro princípios!

Muitos comportamentos positivos também são motivados pela insegurança do sistema de pensamento. Os bajuladores (viciados em aprovação) fazem coisas amorosas para os outros para comprar amor. As pessoas inescrupulosas podem envolver-se em ações positivas para servir a seus propósitos. (Nem vou entrar na questão da política.) Vamos falar de algo interessante.

Ego e autoimportância

A ilusão de insegurança está fortemente ligada à necessidade da autoimportância do ego – um caminho impossível para a felicidade e a serenidade. Quando você sair do caminho do seu sistema de pensamento, observe quantas vezes o desvio está relacionado à necessidade de colocar-se à prova. Pode ser sufocante o simples fato de pensar em todas os percalços que passamos na vida para provar algo que não precisa ser provado.

O ego é a parte mais forte do sistema de pensamento. Ele trabalha muito para se proteger. Não está nem um pouco interessado em ser demitido e substituído pelo seu coração. No entanto, você se sentirá uma pessoa diferente quando não levar seu ego a sério. Seu valor (ou o valor de qualquer pessoa) não é um problema quando você vê a si mesmo e aos outros com o coração.

Eu costumava zombar da pergunta "Quem sou eu?". Agora a pergunta faz sentido porque percebo que sou diferente quando vivo a vida através do meu coração do que sou quando vivo a vida através do meu sistema de pensamento e ego. Eu sei que minha alma é perfeita e incapaz de qualquer coisa além de amor e alegria. Também sei que estou envolvida em algum plano perfeito que envolve a criação de um sistema de pensamento e de um ego para fornecer lições que eu não poderia aprender de outra forma.

Enquanto isso, experimento minha felicidade natural quando reconheço meu ego como ele é e paro de levá-lo a sério. Então eu sei que não tenho nada a provar. Em vez disso, posso gostar de *ser quem eu sou*.

O engraçado sobre o ego é que, toda vez que você o reconhece pelo que ele é, não consegue deixar de rir das confusões que ele causa, fazendo-o perder poder. Seu ego adora pegá-lo desprevenido, para que ele possa voltar e assumir o controle. Mantendo os princípios em mente, você pode brincar de esconde-esconde com seu ego.

É fácil ver nos outros

Você já percebeu como é fácil observar crenças ilusórias nos outros e como é difícil manter essa perspectiva consigo mesmo? Os sistemas de pensamento e egos dos personagens de filmes e romances tornam-se muito óbvios quando observados por meio da *compreensão* dos quatro princípios. A vida pode ser uma alegria quando você se diverte capturando seu próprio ego e observando seu próprio sistema de pensamento – sem julgamento.

Julgamentos justos

Muitos que tomam o desvio do julgamento desculpam o julgamento que fazem dos outros, chamando-o de julgamento *justo*. O julgamento justo é raro porque se baseia em sentimentos de amor e compreensão. Não deixa sentimentos negativos em seu rastro. Em vez disso, os resultados do julgamento justo podem ser positivos. Abominar o abuso infantil é um exemplo de julgamento justo quando é seguido por ações para proteger as crianças e educar os pais com amor e compaixão, em vez de justiça própria.

"Estou dizendo isso para o seu próprio bem" não é um exemplo de julgamento justo, mas de levar a sério a sua própria realidade distinta e pensar que é a realidade *correta*. O julgamento hipócrita dos outros não ajuda; deixa sentimentos negativos. Ao descartar seu sistema de pensamento, você chega a um nível mais elevado de consciência, em que os julgamentos são substituídos por amor, compaixão e inspiração.

Em suas palestras, Wayne Dryer costuma utilizar a analogia de uma laranja para deixar claro que o que vemos vem de dentro de nós. Quando espreme uma laranja, você obtém suco de laranja porque é isso que está dentro da laranja. Quando os humanos são "espremidos" (desafiados), o que eles veem nos outros só pode ser visto se estiver dentro deles. *Se você olhar com atenção, sempre encontrará dentro de você a característica (quando vem do seu sistema de pensamento) que está julgando em outra pessoa.* Claro, você não vai pensar que sua característica é tão ruim. Pensar que outra pessoa é "pior" é uma tentativa vã de justificar o seu próprio comportamento. Rudolf Dreikurs chamou isso de *desinflar o outro para inflar-se.* Outros deram o exemplo de três dedos apontando de volta para você sempre que você aponta um dedo para outra pessoa. A partir do seu coração todos os julgamentos desaparecem e você vê o mundo através dos seus bons sentimentos naturais. Que diferença!

Estereotipar

Outro perigo do julgamento é que muitas vezes caracterizamos as pessoas pelo que elas fazem a partir dos seus sistemas de pensamento e decidimos que essa é a soma total de quem elas são. Muitas vezes descartamos o que elas fazem a partir do coração como *apenas uma ação*. Estamos mais dispostos a confiar na validade do comportamento baixo-astral do que do comportamento alto-astral. Esse é um comportamento malicioso do ego, tentando nos convencer de que o comportamento do sistema de pensamento é mais real do que o comportamento do coração.

Seu sistema de pensamento muitas vezes pode reagir negativamente ao comportamento do sistema de pensamento de outras pessoas. Seu coração saberá que é nesse momento que as pessoas precisam de compaixão em vez de julgamento.

Julgamentos dos outros

Com *compreensão*, você não prestará mais atenção aos julgamentos dos outros do que aos seus próprios. Você verá que tem problemas suficientes para levar seus próprios pensamentos a sério. *O que deveria* e *o que não deveria* não são mais úteis para os outros do que para você mesmo.

Virginia temia ficar muito tempo perto da mãe porque se sentia intimidada pelos julgamentos dela. Virginia reagia a esses julgamentos com rebeldia. A mãe dela reagia à revolta de Virginia com mais julgamentos. Então, elas davam voltas e mais voltas.

Depois de aprender sobre os princípios, Virginia passou quatro dias maravilhosos viajando pelo país com a mãe. Como Virginia conta: "Cada vez que minha mãe expressava uma opinião que eu costumava chamar de julgamento, eu simplesmente via isso como a realidade dela. Em vez de me rebelar e deixá-la saber que eu achava estúpido o que ela pensava, eu via isso como interessante. Pude até ver a insegurança por trás de seus supostos julgamentos e senti compaixão por ela. Ainda não concordava com ela em tudo, mas respeitava o seu direito de ver as coisas de forma diferente. Consegui respeitar minha própria maneira de ver as coisas sem ficar irritada com isso. Nós nos divertimos. Conversamos e compartilhamos mais do que em toda a minha vida".

Viver a favor ou contra alguém

Muitas pessoas tomam o desvio de tentar corresponder às expectativas dos outros e tornam-se *bajuladoras* ou *viciadas em aprovação*. Ao fazer isso, elas desconsideram seu próprio coração e sua sabedoria interior. Outros optam por se rebelar contra as expectativas dos outros, mesmo quando seguir suas sugestões pode ser benéfico para eles. É fácil compreender por que e como as pessoas tomam essas decisões quando olhamos para o seu condicionamento da infância e compreendemos a necessidade de corresponder às expectativas dos pais e professores ou de nos rebelarmos contra elas.

Era uma vez uma menininha chamada Marie que foi visitar os tios e aprendeu a fazer pão. A tia e o tio achavam-na maravilhosa, elogiavam-na e diziam-lhe repetidamente o quanto apreciavam o seu pão.

Marie foi para casa e assou pão para sua família. Ninguém disse nada sobre o pão dela. Eles simplesmente comeram. Marie decidiu que nunca mais faria pão para sua família porque eles não a apreciavam e não a elogiavam.

Então, um dia, ela descobriu que gostava de fazer pão por diversão. Ela adorava colocar as mãos na massa para amassá-la, ela adorava o aroma do pão assado e ela adorava, especialmente, comê-lo quente, saído do forno, com manteiga e, às vezes, mel. Ela também adorava compartilhá-lo com quem quisesse. Ela percebeu que, quando vivia a *favor* ou *contra* alguém, ela não apreciava o pão.

Prisões da percepção

Apegar-se a falsas percepções é outro desvio que o afastará da felicidade natural. É importante lembrar que todas as reações negativas são baseadas em pensamentos e falsas percepções. Como *A Course in Miracles* (Um curso em milagres) nos ensina na lição 5: "Nunca fico chateado pela razão que penso".[4] A lição 7 ensina: "Vejo apenas o passado".[5] Essa é uma excelente descrição do sistema de pensamento. Tudo o que vemos a partir do nosso sistema de pensamento é visto através dos filtros do nosso passado. Quando não *compreendemos* essas prisões de percepção, ficamos bloqueados na nossa capacidade de ver com uma nova perspectiva a partir da nossa sabedoria interior.

Três irmãs se reuniram em uma reunião familiar e começaram a discutir o passado. Cada uma tinha percepções de eventos que tiveram um impacto profundo nas decisões que tomaram sobre si mesmas. Porém, quando cada uma compartilhou sua lembrança, as outras duas irmãs ficaram surpresas com a interpretação. Todas elas estiveram presentes em cada evento, mas cada uma os experimentou de maneira muito diferente. Qual percepção de cada memória era a *verdade*? O passado não é a verdade. O passado é apenas a sua percepção da verdade.

Quando você entende que o passado só existe quando você pensa sobre ele e que é apenas a sua interpretação do que aconteceu, fica difícil levar a sério seus pensamentos sobre o passado. Da mesma forma, quando você vê a inocência dos outros, sabendo que eles fizeram o melhor que podiam em seu nível de compreensão na época, você se sentirá diferente em relação a essas ações.

Paula queixava-se frequentemente de todas as coisas terríveis que a sua mãe lhe tinha feito e dito no passado. Um terapeuta perguntou-lhe: "Você acha que sua mãe ficava acordada até tarde da noite planejando maneiras de tornar sua vida horrível?".

Com relutância, Paula admitiu: "Não".

Uma semana depois, Paula disse que essa pergunta a ajudou a compreender os princípios de realidades distintas e a levou para fora do seu sistema de pensamento e para o seu coração, onde sentiu compaixão e perdão. Ficou claro para ela que sua mãe realmente a amava e fez o melhor que pôde, considerando suas próprias inseguranças.

---

4   *A Course in Miracles: Workbook for Students* (Huntington Station, New York: The Foundation for Inner Peace) p.8.
5   Ibid, p.11.

Paula acrescentou que sua sabedoria interior a levou então a "se olhar no espelho" e a ver que ela estava repetindo muitos dos mesmos comportamentos com seu próprio filho: "Eu o castigo quando ele comete erros, embora eu odiasse quando minha mãe fazia isso. Vejo agora que ela provavelmente fazia isso pelo mesmo motivo que eu. Tenho medo de que, se não o punir, ele não aprenda a se comportar melhor, e quero que ele se comporte melhor porque o amo. Mas, quando eu era criança, lembro-me de desejar que minha mãe compreendesse como eu me sentia e me ensinasse com amor em vez de punição".

Paula foi capaz de perdoar a mãe e a si mesma quando compreendeu que os *erros* que ambas cometeram foram simplesmente o resultado de se desviarem do amor e da alegria de estar com os filhos para pensamentos que produziam medo e insegurança.

Relaxe, mantenha a simplicidade e venha do amor

Quando você relaxa e para de levar as coisas tão a sério, o que antes parecia uma tragédia pode ser visto como um evento interessante, como um trampolim em vez de um obstáculo, como um grande presente cheio de lições a serem aprendidas, ou simplesmente como uma situação engraçada.

Manter as coisas simples geralmente significa que a solução se torna óbvia e descomplicada quando você abandona seus julgamentos que levam à raiva, ao ódio, à vingança ou à autopiedade. Tentar descobrir as coisas a partir do seu sistema de pensamento geralmente é complicado. Descobrir as coisas com o coração é simples.

Quando você vier do coração, saberá que o que você faz não é tão importante quanto a maneira como o faz. Por exemplo, talvez seja sensato demitir um funcionário ou abandonar um relacionamento. Essas coisas podem ser feitas com amor e respeito, em vez de raiva e vingança. Quando você está fazendo o que precisa ser feito para lidar com as situações, não há necessidade de raiva. Quase tudo pode ser feito com amor.

Fica mais fácil evitar desvios

Mesmo uma compreensão limitada dos princípios mantém você apontado na direção certa, para que sua compreensão se aprofunde cada vez mais. Quanto mais profunda a compreensão, mais fácil fica evitar desvios. Deixe que os bons sentimentos do seu coração sejam o seu guia para evitar desvios, aproveitar os desvios ou encontrar o caminho de volta para casa.

14

RELACIONAMENTOS

Existem muitos tipos diferentes de relacionamentos: cônjuges, filhos, pais, amigos, animais, colegas, chefes, funcionários e motoristas na estrada. Alguns são mais próximos do que outros. Você já percebeu que as pessoas mais próximas de você costumam acionar o ego do seu sistema de pensamento com mais facilidade do que qualquer outro tipo de relacionamento? Você já percebeu que pode ser mais fácil compartilhar sabedoria com amigos que estão tendo problemas de relacionamento do que ver a sabedoria por si mesmo quando você se envolve emocionalmente? Minha irmã sinaliza isso quando eu faço ou digo algo ao meu marido que pareça desrespeitoso para ela. Geralmente fico surpresa – ou porque nem tinha percebido o que estava fazendo, ou porque me sinto *com razão* e ela simplesmente não compreendeu. Então ela faz ou diz algo semelhante ao marido dela e eu fico chocada com quão horrível isso parece.

Por que é assim? Por que às vezes é mais fácil ter empatia e mostrar mais respeito pelos outros do que pelas pessoas mais próximas de nós? E por que às vezes é mais fácil dar amor incondicional a um animal do que a uma pessoa?

A última pergunta oferece a melhor analogia: os animais não desafiam o seu sistema de pensamento ou o seu ego. Você provavelmente não tem expectativas irrealistas em relação aos seus animais de estimação. Você não fica chateado quando um animal não *concorda* com você. E você experimenta o amor incondicional de seus animais de estimação. Eles são muito indulgentes.

Não estou sugerindo que você trate aqueles que ama como animais (embora eu tenha considerado isso), mas que use essa analogia como outra forma de ajudá-lo a compreender o poder do sistema de pensamento para causar problemas. Os quatro princípios podem mostrar onde se originam os problemas em qualquer relacionamento. Eles podem mostrar por que as pessoas mais próximas de você podem ser as mais desafiadoras para o seu sistema de pensamento. Vamos dar uma olhada em como os quatro princípios afetam os relacionamentos.

Realidades distintas em relação aos relacionamentos

Você já tentou convencer seu parceiro de que seu ponto de vista era o correto e se sentiu falando com uma parede? Na verdade, você estava conversando com duas paredes: a parede da sua realidade única e a parede da realidade única do seu parceiro. (Falar com uma parede poderia ser mais fácil porque uma parede não tem seu próprio ponto de vista e você não teria nenhuma expectativa em relação a uma parede.)

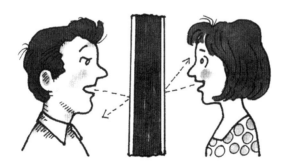

Não é produtivo tentar convencer o seu parceiro, que já sabe como são as coisas, e gostaria que você o convencesse. Seu parceiro geralmente vê a própria realidade com tanta sabedoria interior quanto você vê a sua: zero.

Amy e Sean discutiam diariamente. Não importa qual fosse o assunto, o tema era sempre o mesmo.

Amy: "Você tem que ser cego como um morcego para não ver as coisas do meu jeito!"

Sean: "Se você tivesse algum juízo, saberia que o *meu* jeito é o certo!"

Amy e Sean estão presos na ilusão de suas realidades distintas.

Jeannette acreditava fortemente que seus filhos precisavam de muitas regras e orientações. Duane acreditava que deveria sacrificar qualquer coisa importante para ele para atender aos caprichos dos filhos. Duane achava que Jeannette era uma tirana. Jeannette achava que Duane era um covarde. Ambos estavam tão arraigados em suas realidades distintas que não tinham acesso à sua sabedoria interior.

Jeannette e Duane encontraram um terapeuta que lhes ensinou os quatro princípios. Foi interessante que ambos tenham recebido a mesma mensagem da sua sabedoria interior quando rejeitaram os seus sistemas de pensamento. "Talvez ambos estejamos assumindo uma posição extrema e possamos aprender muito um com o outro ao ouvirmos nossos corações." A orientação e a inspiração que receberam de seus corações eram muito diferentes de suas posições anteriores, baseadas em presunção, defensiva e julgamentos. Quando pararam de levar a sério suas realidades distintas, eles descobriram que as realidades que vinham de seus corações eram muito semelhantes.

Dorene e Charles estavam passando por dificuldades conjugais porque estavam profundamente enredados em suas realidades distintas. Os seus modelos de referência distorcidos impediam-nos de ver qualquer coisa com amor e compaixão.

Dorene reclamava de ser a terceira ou quarta prioridade na vida de Charles. A partir dessa crença, ela se sentia magoada. Como muitos fazem, ela encobriu seus sentimentos feridos com raiva, que expressou culpando e atacando Charles por não colocá-la em primeiro lugar.

Charles levava os ataques dela a sério e experimentava sentimentos de inadequação e atitude defensiva, que expressava agindo com desdém em relação a Doreen. O modelo de referência de Charles incluía a crença de que as mulheres eram injustas e irracionais de qualquer maneira.

Durante a infância, Doreen teve uma experiência que ela interpretou que significava que ela não era importante. Ela transformou essa interpretação em uma crença que distorceu todas as experiências que teve a partir de então. Subconscientemente, ela passou a vida procurando evidências que apoiassem sua crença em sua falta de importância. Ela estava tão concentrada nessa tarefa que perdeu qualquer evidência que pudesse mudar sua crença.

Isso ficou óbvio quando ela contou a história de como ela e Charles se conheceram e se casaram. Charles estava namorando Adele, mas parou de vê-la e logo pediu Doreen em casamento. Doreen não viu isso como prova de que ela era importante para Charles. O que ela notou foi o nome de Adele na lista de convites de casamento, o que ela viu como uma prova de que Adele era mais importante para ele do que ela própria. As tentativas de Charles de explicar que simplesmente gostava de Adele como amiga não foram ouvidas.

Charles, por sua vez, teve uma experiência de infância que interpretou como significando que as mulheres eram injustas e irracionais. Ele adotou isso como uma crença tão forte que não tinha consciência de como preparava as mulheres para provar que estava certo. Nesse caso, ele sabia que Doreen provavelmente ficaria chateada se colocasse o nome de Adele na lista. Embora não fosse importante ter Adele como convidada do casamento, ele queria provar que estava certo sobre como as mulheres podem ser irracionais. É claro que nenhum dos dois tinha consciência das crenças de infância que criaram os filtros nos seus sistemas de pensamento.

Você e eu temos perspectiva suficiente (porque estamos distantes) para ver o humor nas emoções e nos dramas que eles criaram com seu pensamento, mas Doreen e Charles não achavam graça. Eles estavam focados no que procuravam por meio dos filtros de seus sistemas de pensamento, o que lhes deixava pouco tempo para compartilhar bons sentimentos e sabedoria de seus corações. Eles estavam tão concentrados em procurar evidências para apoiar suas crenças distorcidas que perderam as coisas óbvias e maravilhosas que aconteciam ao seu redor.

Sempre podemos criar o que procuramos. Por exemplo, se acreditarmos que seremos rejeitados, agiremos de uma forma que estimula a rejeição, ou veremos rejeição mesmo em comportamentos inocentes.

Depois de ouvirem sobre os quatro princípios, Doreen e Charles finalmente descartaram seus pensamentos e se viram de maneira muito diferente. Eles pararam de *bancar o detetive* (procurando evidências para apoiar suas inseguranças) e começaram a se ver com o coração, em vez de com a cabeça. Charles sentiu vontade de garantir a Doreen que ela era importante, e Doreen sentiu vontade de garantir a Charles que confiava nele. Nenhum deles realmente precisava mais de garantias, mas ambos apreciavam os gestos amorosos. Eles aprenderam a rir de seus pensamentos bobos e a ver a beleza da vida e também um do outro.

Aceitação

Um conselheiro matrimonial sugeriu a Hazel que ela parasse de tentar mudar o marido e o aceitasse do jeito que ele era. Três meses depois, Hazel reclamou: "Mas eu *o aceitei* por três meses inteiros e ele não mudou nada!". É óbvio que Hazel não aceitou o marido do jeito que ele era, mas pensou que a aceitação condicional o motivaria a mudar.

Aceitação significa respeitar as diferenças, não a aceitação condicional enquanto espera mudanças. Mesmo que seja impossível mudar a realidade das outras pessoas (só elas podem fazer isso mudando seus pensamentos), muitas vezes continuamos tentando. *A verdadeira aceitação é incondicional e nos permite ver os outros com compaixão, gratidão e amor.*

Pensamentos e humores associados aos relacionamentos

Mary achava que Jim não estava prestando atenção suficiente nela. Quando ela, presunçosamente, compartilhou isso com seus amigos, eles lhe disseram que era importante que ela lhe dissesse como se sentia. Mary achou que era uma boa ideia. Naquela noite, quando Jim se sentou no sofá e começou a ler o jornal, ela sentou-se ao lado dele e disse: "Por que o jornal é mais importante para você do que eu?".

Jim respondeu defensivamente: "Porque o jornal não me incomoda".

Mary correu para o quarto e chorou. Durante o resto da noite ela não falou com Jim. No dia seguinte, ela contou aos amigos que Jim havia admitido que preferia o jornal a ela, então ela poderia muito bem se divorciar.

Antes de pedir o divórcio, Mary teve a oportunidade de aprender sobre os princípios. Como resultado, ela descartou as noções de insegurança de seu sistema de pensamento e ficou surpresa com a forma como seus sentimentos sobre si mesma e sobre Jim mudaram quando ela viu o mundo com o coração. Ela sabia o que fazer.

Na vez seguinte em que Jim se sentou para ler o jornal, ela sentou-se calmamente ao lado dele, sentindo-se grata por ter um homem tão bom como marido. Ela conseguia enxergar além do comportamento defensivo dele e sentia amor incondicional por Jim porque havia descartado suas próprias inseguranças, julgamentos e expectativas.

Em pouco tempo Jim largou o jornal e perguntou, rispidamente: "Você quer conversar?". Mary percebeu que ele ainda estava de mau humor e respondeu: "Não, só estava aproveitando a sua companhia". Desconfiado, Jim continuou a ler o jornal. Durante várias semanas, Mary continuou a apreciar a proximidade com Jim, não importava o que ele estivesse fazendo. Ela havia descoberto sua própria felicidade interior e paz de espírito e não era afetada por circunstâncias externas.

Um dia Jim entrou na cozinha enquanto Mary preparava o jantar. Ela perguntou: "Você quer alguma coisa?" "Não", ele respondeu, "eu só queria estar com você."

Algumas pessoas que ouvem essa história acham que Mary agiu como uma covarde que decidiu tolerar passivamente um idiota. Mas veja os resultados dela: ela encontrou serenidade, viu a bondade por trás da rudeza de Jim e o inspirou a experimentar seu próprio coração. O amor incondicional tem o poder de levar os outros a ouvir seus corações, quando estiverem prontos.

Outra pessoa pode seguir sua sabedoria para fazer outra coisa. Ao viver seguindo nosso coração, existem infinitas possibilidades sobre o que fazer, mas os sentimentos por trás do fazer serão os mesmos: compaixão, perdão, gratidão e todos os outros sentimentos que são a essência do amor.

Nós colhemos o que semeamos. Quando colocamos a negatividade no mundo, recebemos a negatividade de volta. No entanto, quando a negatividade volta, a maioria das pessoas esquece que a expôs em primeiro lugar. Elas não assumem a responsabilidade pela sua parte na sua criação. (Mary não percebeu que ajudou a criar as ações defensivas e a aspereza de Jim com suas expectativas e críticas.) Da mesma forma, quando colocamos amor no mundo, o amor volta. Alegria e felicidade são contagiantes.

Você ainda pensa que às vezes circunstâncias negativas surgem para, você mesmo quando você não fez nada para criá-las? A questão é que mesmo que não tenha responsabilidade pessoal por causar certos eventos, você tem responsabilidade *pelo que pensa sobre eles*. Como você já sabe, seus pensamentos podem causar mais problemas do que as próprias circunstâncias.

O marido de Sue teve um caso extraconjugal, e ela ficou tão magoada que quis se vingar. Ela procurou um advogado e disse: "Quero machucá-lo tanto quanto ele me machucou. Quero deixá-lo com o mínimo possível financeiramente e limitar os seus direitos de visita aos filhos. Vou garantir que as crianças nem queiram vê-lo".

Sue estava magoada e irritada demais para perceber que eram seus pensamentos sobre essa situação que a deixavam infeliz. Felizmente, ela escolheu um advogado sábio, que perguntou: "Você realmente quer machucá-lo da pior maneira possível?".

"Sim."

O advogado disse: "Então volte e more com ele por seis meses. Seja a melhor esposa que você pode imaginar. Seja amorosa, compassiva, compreensiva, dê o seu perdão, seja afetuosa e divertida. Ele se sentirá um sortudo e começará a amar muito você. Em seis meses você poderá iniciar o processo de divórcio e ele se sentirá extremamente magoado emocional e financeiramente".

Sue objetou: "Eu não aguentaria viver com ele por mais seis meses depois do que ele fez". "Bem, então você realmente não deve querer machucá-lo da pior maneira possível."

"Ah, sim, eu quero", disse Sue. "Eu vou fazer isso."

Dois anos depois, o advogado viu Sue andando por uma rua. Ele perguntou: "O que aconteceu? Achei que você voltaria para pedir o divórcio."

Sue respondeu: "Você está de brincadeira? Ele é o homem mais maravilhoso do mundo. Eu nem pensaria em deixá-lo". Ela deve ter feito um trabalho tão bom agindo com amor que logo esqueceu que era uma atuação e começou a sentir os bons sentimentos. Bons sentimentos são extremamente contagiosos, criando mais sentimentos bons nas pessoas que entram em contato com eles. As pessoas mudam em uma atmosfera de amor incondicional.

Quando a *compreensão* dos princípios muda a forma como você vê as coisas, tudo e todos em seu mundo parecem diferentes. Pode parecer que os outros mudaram, mas foram os seus pensamentos e, portanto, a sua realidade e os seus sentimentos que mudaram. Outros respondem ao seu nível de sentimento. Quando dá amor, você recebe amor – não necessariamente porque os outros o devolvem a você, mas porque o amor emanará de dentro. Sentir amor não depende de nada nem de ninguém.

Você pode perguntar: "Mas e se eu simplesmente não me sinto amoroso e não estiver disposto a *agir* como Sue agiu?". Sempre que você sentir necessidade de perguntar o que fazer, é útil não fazer nada, exceto descartar seus pensamentos, ficar quieto e esperar até saber o que fazer com base em sua sabedoria interior. Você pode se sentir inspirado a fazer algo muito diferente do que Sue fez.

E, se você não se sente pronto, você não se sente pronto. O que é, *É*. Simplesmente aceitar *o que é* pode ser muito calmante.

Escutar

Compreender os quatro princípios muda a experiência de escutar. Escutar de verdade é esquecer os detalhes, ouvir o que a outra pessoa está sentindo e saber quando esses sentimentos vêm de pensamentos de insegurança. Você reconhece a diferença em seu próprio nível de sentimento. Quando sente amor, compaixão ou interesse, em vez de julgamento ou atitude defensiva, você ouve profundamente.

Quando seu parceiro está chateado ou preso em seu sistema de pensamento, esse é o momento de ouvir, não de falar. Analisar não ajuda. Escutar é responder silenciosamente com amor. Quando você estiver nesse estado de espírito, suas inspirações lhe permitirão saber exatamente como expressar amor e encorajamento – em algum momento, se não de imediato. Pode ser humor. Pode ser um tempo sozinho. Pode ser um toque amoroso. Pode ser uma caminhada tranquila. Talvez seja hora de descansar. Talvez seja hora de ouvir reflexivamente. Você saberá.

Outra maneira de os casais evitarem o mau humor é evitar o sistema de pensamento simplesmente se divertindo juntos.

Divirtam-se juntos

Você já percebeu que, quando estão se divertindo juntos, vocês não estão julgando, criticando ou insatisfeitos? Divertir-se pode funcionar como um catalisador para tirá-lo do seu sistema de pensamento. Quando você deseja vivenciar o amor e os bons sentimentos em seu relacionamento, faz sentido fazerem coisas juntos que tragam prazer e alegria.

Viva em gratidão

Ao descartar pensamentos negativos, você fica com sentimentos de gratidão e apreço por tudo o que seus relacionamentos têm a oferecer. Não faz sentido viver na negatividade quando o amor é simplesmente deixado de lado. Ao seguir o mapa do tesouro para a felicidade e a paz de espírito, o estado natural de um relacionamento é desfrutar do amor incondicional.

15

MITOS SOBRE RELACIONAMENTOS

Você descobrirá que a realidade, vista através do seu coração e da sua sabedoria interior, é muitas vezes bem diferente daquilo que lhe foi ensinado durante toda a sua vida sobre relacionamentos.

Mito nº 1: o amor é cego

O amor que vem do coração não é cego. No entanto, o amor que vem do sistema de pensamento pode ser muito cego. Muitas vezes as pessoas se *apaixonam* pela *fantasia* que têm de outra pessoa – pelo que *pensam* que a outra pessoa é, e não por quem ela realmente é. Elas estão ocupadas demais vendo alguém através dos filtros de suas inseguranças e fantasias pessoais para enxergar a pessoa de verdade. Quando a fantasia não corresponde às suas expectativas, as pessoas pensam que o seu *amor era cego*, em vez de perceberem que os seus sistemas de pensamento é que estavam cegos.

Por causa da Lei Universal da Atração, você atrairá pessoas para sua vida com o mesmo nível de vibração energética. Se você se acha inseguro, atrairá pessoas que lhe darão muitas oportunidades de verificar aquilo em que você acredita. Por outro lado, se você estiver cheio de amor e alegria, atrairá outras pessoas cheias de amor e alegria.

Isso significa que você e as outras pessoas que atrai para sua vida serão perfeitas? Sim e não. Quando você acredita na perfeição de todas as coisas, tudo é perfeito. Como ensina o *Curso em Milagres*, todo encontro é um encontro sagrado. Todo mundo tem algo a lhe ensinar sobre você. Se perfeição significa nunca cometer erros ou nunca se deixar levar pelo seu sistema de pensamento, então não, você e os outros não são perfeitos. No entanto, você verá os erros como nada mais do que oportunidades de aprender. As chamadas *falhas* fornecem informações para melhoria (após aceitação incondicional).

Quando ama outra pessoa de verdade, você não fica cego por julgamentos, inseguranças, expectativas e fantasias. Você vê as diferenças como interessantes ou com compreensão e compaixão. Isso é amor incondicional. É quando o sistema de pensamento entra em ação que o problema começa.

Como Bob prometeu ligar para Nancy às 9h30 mas só ligou às 11h, ela achou que ele não a considerava e era indiferente – e disse isso a ele. Seus sentimentos a fizeram perceber que ela estava em seu sistema de pensamento e essa *compreensão* imediatamente a levou ao seu coração. Ela se lembrou de que, quando eles estavam vivenciando um amor sincero, ela foi compreensiva e compassiva quando Bob ligou mais tarde do que havia prometido. Tornou-se óbvio para ela que não eram as circunstâncias, mas sim os seus pensamentos que a perturbavam. Seus julgamentos e raiva eram seus mecanismos de defesa para encobrir sentimentos de insegurança. Do fundo do seu coração, ela se sentiu segura e amorosa novamente. Ela expressava alegria sempre que Bob ligava. Bob sentiu vontade de ligar com mais frequência.

O "tapa-olhos" do julgamento é tão poderoso que pode até transformar o que antes era visto como uma virtude em uma *falha*. Marilyn se apaixonou por Jordan e admirava a maneira calma como ele dirigia, o que a fazia se sentir segura e relaxada. Depois que eles se casaram, no entanto, ela descobriu que muitas vezes a deixava louca andar com ele porque ele não era agressivo o suficiente e não se arriscava a ultrapassar carros lentos.

Marilyn também admirava Jordan por sua confiabilidade tranquila e descontraída – ele estava no mesmo emprego havia doze anos e ela podia acertar o relógio de acordo com sua partida e chegada. Com seus óculos de julgamento, porém, ela começou a vê-lo como chato e sem ambição. Durante o namoro, ela adorava a flexibilidade e a disposição dele para aceitar todas as suas sugestões. Mas, através de seus "tapa-olhos" de julgamento, ela o via como covarde e fraco, sem um pensamento original na cabeça.

Marilyn se divorciou de Jordan e se casou com Steve, que era agressivo, ambicioso e teimoso. No início Marilyn admirou essas *virtudes* em Steve e sentiu-se sortuda por ser casada com um homem excitante que sabia o que queria e para onde estava indo. Ela se sentiu protegida e cuidada. Mais tarde, porém, ela o viu como controlador e inflexível porque não fazia o que ela queria que ele fizesse. Em vez de se sentir protegida, ela se sentia dominada e não levada a sério.

Marilyn se divorciou de Steve e se casou com outro homem como Jordan. Ela está agora em seu sétimo casamento porque não percebe que perde seus bons sentimentos e felicidade toda vez que entra em seu sistema de pensamento e vê o mundo através de seus julgamentos e expectativas. Ela acredita que vê a realidade através de seu sistema de pensamento. Além disso, ela procura a felicidade fora de si mesma e culpa os outros quando não a encontra lá.

Mito nº 2: é importante ser compatível

Dolores se divorciou de Scott. Sua explicação: "Simplesmente não éramos compatíveis". Uma distorção generalizada do significado de compatibilidade é a noção de que duas pessoas devem *ser iguais* para viver juntas de forma harmoniosa.

Quando você entende o princípio das realidades distintas, pode ver que é impossível que duas pessoas sejam iguais. Mesmo os casais iludidos ao pensar que têm os mesmos interesses e crenças enfrentam problemas quando descobrem mais tarde que o que pensavam ser igual não é.

Dolores e Scott ficaram maravilhados ao descobrir que ambos gostavam de tênis. Eles já estavam *apaixonados*, mas viam o interesse mútuo pelo tênis como prova de que eram *compatíveis*. O problema começou porque Dolores gostava de jogar com mais frequência do que Scott, e ele achava que ela levava isso muito a sério. Dolores presumiu que qualquer pessoa com real interesse em tênis se sentiria exatamente da mesma forma que ela. Ambos se sentiram enganados e incompreendidos. Como aparentemente eles não eram tão compatíveis como pensavam, o divórcio foi a única solução que conseguiam enxergar.

O verdadeiro significado da compatibilidade é ter a capacidade de amar incondicionalmente. Todos nós temos essa capacidade porque a compatibilidade é um estado natural quando descartamos os pensamentos negativos e respeitamos as diferenças em vez de julgá-las. Temos compatibilidade quando vemos as diferenças com interesse, respeito e amor.

Mito nº 3: é importante falar sobre problemas

A ênfase exagerada na importância da comunicação nos relacionamentos é outra distorção generalizada. Quantas vezes você já ouviu alguém dizer: "Simplesmente não conseguimos nos comunicar" ou "A chave para um bom relacionamento é a comunicação"?.

A distorção nessas afirmações é a importância implícita de fazer seu parceiro compreender e aceitar o que você sente e em que acredita. Ou seja, se você conseguir fazer seu parceiro acreditar na sua realidade e não na dele, você terá conseguido uma *boa* comunicação. Isso é o mesmo que dizer: "Você deveria ter as minhas ilusões, não as suas".

Não admira que tantos falhem nas suas tentativas de comunicação. É impossível para o seu parceiro acreditar na sua realidade e não na dele. Com *compreensão*, vocês dois podem descartar suas realidades pelas ilusões criadas pelo pensamento que elas são. Até então você pode preferir *lutar em vez de trocar*.

Como você está sempre se comunicando, seja a partir do seu sistema de pensamento distorcido (medo) ou do seu coração (amor), é importante saber de onde vem a sua comunicação. Mesmo os silêncios mal-humorados ou raivosos são uma forma de comunicação. Quando se comunica com o coração, entretanto, você está compartilhando os sentimentos positivos que experimenta por meio do amor, da sabedoria e da inspiração.

Quando você está em um estado de felicidade e paz de espírito, é incrível o quanto você pode desfrutar do que geralmente é chamado de informação mundana. "O jantar está pronto?" "Paguei as contas hoje." "Como estão as crianças?" "Vamos para a praia?" A comunicação torna-se leve e fácil, e não pesada como quando você se comunica para "expor tudo" ou para garantir que seu parceiro saiba como você se sente – a partir do seu sistema de pensamento.

Isso pode parecer chato para algumas pessoas, mas a felicidade e a paz de espírito nunca são chatas. Num estado mental feliz, é comum sentir-se tão cheio de alegria de viver e de amor pelo seu parceiro que você se enche de gratidão.

Você pode se perguntar: "Isso significa que não devemos falar sobre nossas realidades distintas?". O que você faz não é o ponto. Falar sobre suas realidades distintas, ou não falar sobre elas, é simplesmente uma experiência diferente quando você entende os princípios. Não é o que você *faz* que é importante, mas sim o *sentimento* por trás do que você faz. Com *compreensão*, você provavelmente sentirá diversão ou interesse respeitoso se vocês falarem sobre realidades distintas.

Mito nº 4: nunca vá dormir antes de resolver uma discussão

Às vezes a melhor maneira de descartar pensamentos de certo e errado é concordar antecipadamente com algum tipo de período de reflexão para ajudá-lo a ficar quieto. Isso pode ser feito dormindo, dando uma volta no quarteirão ou fazendo outra atividade que o ajude a se sentir melhor.

Kate e Frank acreditavam que nunca deveriam ir dormir antes de resolver suas discussões. Eles ficavam frente a frente e discutiam sobre quem estava certo e quem estava errado. Como ambos estavam presos em seus sistemas de pensamento individuais e em realidades distintas, era impossível ouvir um ao outro ou resolver qualquer coisa. Como acreditavam que deveriam ser capazes de resolver suas discussões, suas frustrações aumentavam. Frank acabava saindo, batendo a porta atrás de si e indo para o bar mais próximo. Kate ia para a cama, mas não conseguia dormir porque se sentia furiosa por causa do fracasso de não terem conseguido resolver o problema antes de dormir.

Quando consultaram um terapeuta que lhes ensinou sobre os princípios, perceberam que poderiam concordar antecipadamente em ficar quietos quando ficassem presos em seus sistemas de pensamento. Frank disse a Kate: "Já que gosto de sair de casa quando estou chateado, vou sair, mas não vou bater a porta e não vou a um bar. Vou dar uma volta no quarteirão até que meu sistema de pensamento retroceda, de modo que não possa me machucar e eu possa enxergar novamente o quanto te amo. Você pode ficar sabendo que minha saída não é raiva de você, mas apenas o reconhecimento de que estou preso em meus pensamentos e preciso ficar quieto até que eles desapareçam".

Kate disse: "Já que gosto de relaxar na cama, farei isso, mas, em vez de continuar a focar meus pensamentos negativos, vou ler um livro ou dormir com a certeza reconfortante de que são apenas pensamentos. Você pode saber que não vou para a cama para ficar longe de você, mas para descansar até que os pensamentos negativos desapareçam e não reste nada além do amor".

Mito nº 5: um relacionamento sem brigas é superficial ou unilateral

Casais que entendem os princípios não brigam, ou pelo menos percebem que estão fora do caminho quando o fazem. A paz entre eles não significa que não estejam *se aprofundando o suficiente* em seu relacionamento ou que um deles esteja se rendendo demais. Pelo contrário, eles respeitam um ao outro em vez dos seus sistemas de pensamento programados.

"Lisa e eu ainda brigamos", disse Scott, "mas sempre em silêncio. Sabemos que, se tivermos vontade de brigar, significa que simplesmente estamos de mau humor ou perdidos em nossos sistemas de pensamento, então ficamos quietos e esperamos passar."

Beth disse: "Tom e eu costumávamos brigar e perder o respeito um pelo outro. Ainda brigamos de vez em quando, mas agora perdemos o respeito pelas brigas e não um pelo outro".

"Quando Dave e eu brigamos agora", disse Kathie, "raramente levamos isso a sério por muito tempo, então acabamos rindo. É especialmente divertido observar minha 'atuação de Sarah Bernhardt'* enquanto ainda estou levando as coisas um pouco a sério."

Eu costumava ficar chateada quando queria *discutir* algo com meu marido e ele me dizia: "Esquece". Eu pensava: "O que você quer dizer com 'esquece'? Se você tivesse alguma sensibilidade, também ficaria chateado". Agora eu digo: "Obrigada por me lembrar".

---

*   N. T.: Sarah Bernhardt (1844-1923) foi uma famosa atriz francesa.

Mito nº 6: você ficará feliz quando as circunstâncias mudarem

A felicidade é um estado de espírito que não tem nada a ver com as circunstâncias. "Querida Abby"* (*Dear Abby*) recebeu uma carta de uma mulher reclamando do ronco do marido. Em resposta, "Querida Abby" citou uma carta de outra mulher: "Eu costumava reclamar do ronco dele. Meu marido está morto agora. Eu daria tudo para poder ouvi-lo roncar novamente".

Uma história frequentemente contada é a de recém-casados em dificuldades que não apreciam a alegria de estarem juntos e apaixonados porque continuam focando o quanto tudo será melhor quando tiverem mais dinheiro, uma casa e móveis. Então eles conseguem o dinheiro, a casa e os móveis, mas não desfrutam disso porque acham que não estão mais tão apaixonados como antes. Na verdade eles não experimentam a alegria do amor porque continuam focando as circunstâncias. Eles não conseguem ver o que *é* quando se concentram no que *não é*. Em nossos sistemas de pensamento, queremos mais, melhor, diferente. Em nossos corações, sentimos contentamento e gratidão. Sentimos alegria em nossos relacionamentos quando amamos incondicionalmente.

June estava infeliz porque seu marido, Cy, era alcoólatra. Ela jurou a si mesma que, se ele não parasse de beber até os filhos saírem de casa, ela o abandonaria. Eles estavam casados fazia trinta anos quando o último filho foi para a faculdade. Antes de June cumprir sua promessa, ela decidiu consultar um terapeuta que lhe ensinou os princípios. Ela decidiu tentar a meditação para ver se conseguia receber uma mensagem sobre o que fazer. Ficou surpresa com a clara inspiração que recebeu de sua sabedoria interior: "Seu papel não é julgar seu marido, mas amá-lo incondicionalmente". A realidade dela mudou; ela amava Cy incondicionalmente, sem esforço, e em três meses ele parou de beber.

Algumas pessoas interpretaram essa história como significando que se deve negar os problemas do alcoolismo. Se você tiver lido os princípios com *compreensão*, perceberá que a história não estabelece uma regra – simples-

---

* N. T.: *Dear Abby* era uma coluna regular publicada em vários jornais dos EUA que respondia às perguntas dos leitores sobre problemas amorosos e familiares. Começou em 1956 e era escrita por Abigail Van Buren (nome verdadeiro: Jeanne Phillips), tendo sido iniciada por sua mãe, Pauline Phillips (1918-2013).

mente conta o que aconteceu com uma mulher que ouviu a inspiração de sua sabedoria interior. Outra pessoa pode ouvir uma mensagem totalmente diferente. A mensagem poderia ser sair com amor ou insistir amorosamente em um programa de intervenção. As possibilidades são ilimitadas. Apenas uma coisa será sempre a mesma: resultados positivos acontecem quando você segue a sua sabedoria interior.

Mito nº 7: o ciúme é um sinal de carinho

O ciúme é criado a partir do ego e se baseia na noção de que a possessividade curará sentimentos de inadequação. É uma forma de tentar fazer outra pessoa assumir a responsabilidade pela sua própria felicidade.

Bill e Sue foram a uma festa. Quando ele a viu dançando com outro homem, ficou com raiva. Ele ficou de mau humor no caminho para casa até que Sue o convenceu a admitir que algo estava errado. Então ele explodiu! Ele a culpou por flertar e a acusou de não ter consideração por ele. Não aceitou a explicação dela de que ela não queria dançar com o outro homem, mas não soube como recusar de uma maneira respeitosa.

Bill ficou tão perdido no conteúdo de seus pensamentos que não relacionou seu comportamento com pensamentos de insegurança. Ele usara a culpa para encobrir o medo de que Sue pudesse considerá-lo inadequado em comparação com o outro homem e que ela pudesse decidir rejeitá-lo – um medo contra o qual ele se sentia impotente. Expressar raiva deu-lhe uma falsa sensação de poder e controle, mas certamente não de felicidade.

Bill decidiu deixar Sue para se proteger da possibilidade de ser abandonado por ela. Ele criou exatamente aquilo que temia para se proteger daquilo que temia. O sistema de pensamento pode inspirar pensamentos e ações muito malucos.

É fácil percebermos o absurdo ao observar as ilusões dos outros. A *compreensão* nos ajuda a ver o absurdo de nossas próprias ilusões com compaixão.

O ciúme, que se baseia num sentimento ilusório de falta de importância, é apenas outra forma de insegurança que assume muitas formas. Muitas pessoas baseiam as suas vidas nessas ilusões, desperdiçando tempo e energia ao tentar esconder os seus medos ou tentando culpar a si mesmas ou aos outros como a causa dos seus medos.

O medo da inadequação assume formas como "Não serei bom o suficiente. Alguém será melhor do que eu. Se eu fosse mais bonito (ou atraente, poderoso, bem-sucedido, inteligente, espirituoso), então estaria bem".

O medo da rejeição assume formas como "Ele não se importa tanto quanto eu, o que significa que não sou boa o suficiente, então ele pode me deixar, e então ficarei sozinha e nunca mais encontrarei ninguém".

O medo da impotência assume formas como "Não posso fazer nada a respeito. Não tenho controle sobre o que está acontecendo comigo. Não posso fazer alguém me amar".

Todos esses medos são questões de autoestima. A crença de que qualquer pessoa pode não ter autoestima é uma ilusão baseada em anos de condicionamento desde a infância. Quando *compreendemos* isso, podemos ter compaixão por nós mesmos por acreditarmos nas ilusões e compaixão por aqueles que as perpetuaram em razão da sua falta de *compreensão*. Antes da *compreensão*, porém, as ilusões criadas pelo sistema de pensamento são desvios poderosos que nos distanciam da felicidade nos relacionamentos.

Mito nº 8: você deve ter um relacionamento

Quem disse que você deve ter um relacionamento? Essa é apenas mais uma crença baseada em outro pensamento. Quando você olha para as evidências, não faz sentido. Existem tantas (ou mais) pessoas *in*felizes nos relacionamentos quantas pessoas felizes nos relacionamentos, e há pessoas que são felizes sem um relacionamento, bem como pessoas infelizes nas mesmas circunstâncias. Você pode estar apaixonado pela vida estando sozinho ou apaixonado por alguém.

Novamente, não são as circunstâncias em si, mas a maneira como você pensa sobre elas. Quando tem paz de espírito, gratidão e satisfação com tudo o que *existe*, você não vê o que não existe. Você está feliz com ou sem um relacionamento.

16
CHAVES PARA A FELICIDADE: UM RESUMO

Você gostaria de estar na prisão? Você se entregaria conscientemente a uma sentença de prisão perpétua em uma masmorra? Essas perguntas podem parecer ridículas, mas seu sistema de pensamento pode criar uma prisão tão confinante quanto qualquer masmorra. As paredes da prisão que você cria em sua mente são formadas por pensamentos ilusórios, mas podem ser tão restritivas quanto concreto.

As pedras fundamentais dessa prisão são feitas de pensamentos que criam sentimentos de insegurança. As paredes são feitas de qualquer forma que a insegurança assuma: bebida, ansiedade, comer demais, julgamento, vício em trabalho, expectativas, estresse, insatisfação, depressão, culpa, preocupação com o que os outros pensam. O teto é a crença de que esses pensamentos são realidade.

Os quatro princípios como chaves para a felicidade

A *compreensão* dos quatro princípios discutidos nos capítulos anteriores é a chave mestra para as portas da prisão. *Conheça a verdade e a verdade o libertará.*

No fundo você conhece a verdade dessas declarações. No entanto, pode haver um grande abismo entre o conhecimento intelectual e a realidade experencial. Intelectualmente, eu acreditava que a felicidade vinha de dentro de mim, mas não compreendia as barreiras que me impediam de vivenciar essa verdade. A *compreensão* dos quatro princípios forneceu o mapa do tesouro que me levou a ultrapassar as barreiras da minha felicidade interior. Este capítulo fornece um breve resumo.

Pensamento como uma função

O princípio fundamental é perceber que *pensar é uma função.* Essa compreensão é a chave para experimentar a saúde mental natural e a felicidade interior. Aqueles que acreditam inteiramente no conteúdo do seu pensamento muitas vezes experimentam estresse, ansiedade e outras formas de insegurança. Eles levam seus pensamentos a sério, transformam-nos em crenças e vivem para eles. Eles criaram prisões de percepção.

Aqueles que *compreendem* que pensar é uma função experimentam a liberdade e seu estado natural de ser – amor, sabedoria, gratidão, compaixão, alegria. A *compreensão* ajuda você a ver o humor em suas criações mentais, para que possa aproveitar as que lhe servem e descartar aquelas que não. As portas da sua prisão serão destrancadas.

Sentimentos como uma bússola

O princípio de *usar seus sentimentos como uma bússola* é a ferramenta que lhe permite saber onde você está no seu mapa do tesouro. Quando você está vivenciando sentimentos negativos, você esqueceu que pensar é uma função e, portanto, está vendo seus pensamentos como realidade. Sempre que você sente amor incondicional, alegria, gratidão ou compaixão, o tesouro não está mais enterrado; você está vivendo com seu coração e sabedoria interior.

Realidades distintas

Quando entende o princípio das *realidades distintas*, você vê as diferenças com interesse e compaixão, e não com julgamento. Compaixão não significa que você aprova todas as ações dos outros, mas que você entende sua insegurança e falta de *compreensão*. Você para de se sentir infeliz por meio de julgamentos. Você entende que a *serenidade está a um pensamento de distância.*

Níveis de humor

O princípio dos *níveis de humor*, ou *níveis de consciência*, está intimamente relacionado com os demais. Você fica de mau humor ou em um baixo nível de consciência quando esquece que pensar é uma função, quando se esquece de respeitar realidades distintas, quando se esquece de usar a bússola dos seus sentimentos como guia e, especialmente, quando tenta usar o seu sistema de pensamento a fim de encontrar uma solução para sua situação. O mau humor persistente pode estar lhe dando a mensagem de que você precisa procurar ajuda para curar pensamentos e crenças de seu sistema de pensamento profundamente programado. A *compreensão* desse princípio pode levá-lo a ter compaixão por si mesmo enquanto espera que o mau humor passe. A *compreensão* das barreiras à felicidade descritas a seguir pode ajudar.

Circunstâncias

Nunca são as circunstâncias, mas os seus pensamentos sobre elas, que criam o seu estado de espírito. Recusar-se a *compreender* essa verdade é o que mantém as pessoas presas na desesperança, mentalmente vitimadas ou na amargura de se apegarem às mágoas em vez de perdoarem. Uma chave para a felicidade é procurar os presentes nas suas circunstâncias.

Julgamentos

Você julga os outros quando se esquece das realidades distintas e se ilude pensando que a sua realidade é a certa. Para cada coisa ou cada pessoa que você julga, outra pessoa foi capaz de ver o mesmo evento ou pessoa com compaixão e compreensão. O julgamento é semelhante a *procurar o cisco no olho de outra pessoa quando a trave em seu próprio olho distorce sua visão.*

Quando você observa os outros através de seus filtros de julgamento, está definindo seu próprio estado de espírito, ao mesmo tempo que acredita que está definindo o deles. A pessoa que você está julgando pode estar cega pela insegurança ou alguma outra forma de negatividade, mas, se você não estivesse cego pelos filtros do seu sistema de pensamento, veria a inocência e perceberia que essa pessoa simplesmente não sabe o que é melhor. Em vez de julgar, você pode se inspirar a fazer algo para ajudar essa pessoa a se sentir mais segura ou pode saber que a melhor coisa a fazer é sair do caminho dela.

Pode ajudá-lo a superar seus julgamentos o uso do *Processo de* Insight *do Espelho*. Que *falha* sua reflete em seus julgamentos? As portas da prisão se abrem quando você vê suas próprias falhas refletidas nos outros e tem compaixão por si mesmo e também por eles. Você pode então buscar a sabedoria do seu coração para curar a *falha* ou simplesmente descartar o pensamento e deixá-lo ir.

Expectativas

Quando você está focado nas expectativas, pode ficar cego para a beleza e as maravilhas que estão bem à sua frente. A chave para a felicidade é desistir de suas expectativas para poder ver e desfrutar *o que É*. Lembre-se: há milagres ao seu redor a cada momento. Ao viver a vida com o coração, você *vê* os milagres e fica pleno de gratidão.

Crenças e realidades

Alfred Adler disse certa vez: "As ideias não têm significado exceto o significado que damos a elas". Frequentemente atribuímos tanta importância ao significado que conferimos aos nossos pensamentos e ideias que eles se tornam crenças pelas quais vivemos e morremos.

Uma crença firme de que o mundo é plano não significa que assim seja. A chave para a felicidade é lembrar que as crenças e realidades são criações dos seus pensamentos. A maioria dos seus pensamentos foi programada quando você não conseguia ver a verdade, assim como não consegue ver que o mundo é redondo. A verdade que você encontra em seu coração e na sabedoria interior pode libertá-lo das crenças que você criou quando criança.

Gratidão

Joe: "Não consigo ver nada pelo que ser grato neste mundo confuso".

O velho e sábio Zeke: "Aposto que você seria um milionário se eu lhe desse US$ 100 por tudo que você pudesse imaginar para ser grato".

Você verá o que procura. É impossível sentir gratidão e negatividade ao mesmo tempo. Sua *compreensão* dessa verdade permitirá que você saiba que faz sentido se concentrar naquilo pelo que você é grato, e não naquilo em que você tem pensado para se sentir infeliz.

A gratidão é minha chave favorita para a felicidade.

Compaixão

Sentir compaixão é outro estado natural de ser que atinge o auge quando você descarta seus pensamentos. Com perspectiva, você vê a inocência nos outros e sabe que eles fazem o melhor que podem com base no seu nível atual de compreensão.

A chave para a felicidade é permitir-se experimentar a compaixão do coração que torna mais fácil perdoar a si mesmo e aos outros.

Perdão

A falta de vontade de perdoar é um dos maiores bloqueios à sabedoria interior. *O perdão é natural em um nível de consciência que inclui compaixão, amor, humor, gratidão e paz de espírito.*

O ego tem alguns ganchos muito poderosos. Estar "certo" é um grande problema. Para muitos de nós, estar certo vence o amor e a paz com muita frequência. Estar certo pode assumir muitas formas. Às vezes sentimos que temos o *direito* de nos sentirmos infelizes. Afinal, veja o que aquelas pessoas (nossos pais) ou aquela pessoa (chefe, cônjuge, amigo, parente) fizeram conosco. Eu preferiria me sentir infeliz com isso a deixar para lá e sentir amor e paz. Isso significaria que eu teria que abandonar todos os meus julgamentos e sentir compaixão – e (engolir) até mesmo perdoar. Só há uma coisa a ganhar se não perdoarmos: sofrimento!

As pessoas que têm a opinião costumeira de que o perdão é algo em que devem trabalhar, ou tentar fazer, estão absortas no ego e no julgamento. É hipócrita pensar: "Bem, eu sei que você fez algo errado, mas serei grande o suficiente para perdoá-lo". Ou "Você fez uma coisa desprezível e não merece perdão". A falta de perdão prejudica mais os que não perdoam do que os que não são perdoados. É impossível ser feliz apegando-se a julgamentos.

Quem diz: "Perdoarei, mas não esquecerei" não *compreende* o perdão: perdoar *é* esquecer. É perceber que o ego, as expectativas e os julgamentos são pensamentos aos quais não vale a pena se apegar. Quando os abandonamos, eles são esquecidos. Quando você vê pessoas ou situações com *compreensão*, não há nada a perdoar. Você vê a inocência delas quando percebe que elas realmente *"não sabem o que fazem"* quando isso vem de seus sistemas de pensamento e não de seus corações. Descartar pensamentos programados e perdoar são sinônimos.

O perdão é natural a partir de um nível de consciência que inclui compaixão, amor, humor, gratidão e paz de espírito. O perdão nem sequer é um problema quando temos esses sentimentos, porque, quando vemos com *compreensão*, não há nada a perdoar.

A batalha entre o amor e o ego

O amor é a última realidade; o ego é a ilusão final. Ego é a necessidade de provar a autoimportância com base na crença ilusória na insegurança. É a fonte do ciúme, da hipocrisia, da possessividade, do julgamento, das expectativas, da vingança, da depressão, do estresse e da doença. Que poder essa ilusão do ego pode criar!

Mas o amor tem um poder maior: o amor cura todos os problemas. Por meio da perspectiva do amor, os problemas desaparecem. O amor nos preenche com inspiração, que nos guia para soluções que fazem o problema parecer insignificante.

Joe repreendeu Zeke: "Para mim, toda essa conversa sobre amor parece religião e coisa de *hippie* dos anos 1960. Isso realmente me desanima".

O velho e sábio Zeke respondeu: "Será que a razão pela qual você não tem muito amor em sua vida é porque isso te desanima?".

A chave para a felicidade é reconhecer a diferença entre amor e ego, para que o ego possa ser descartado e o amor possa ser desfrutado.

Vendo o que É sem julgamento

Você não vê a beleza da vida nem experimenta sentimentos de alegria e gratidão quando perde tempo e energia com julgamentos. Os julgamentos enchem você de sentimentos tóxicos.

Um bom exemplo é a história de dois homens que perderam suas fortunas. Um deles ficou perturbado com a situação e pulou de um prédio alto. O outro homem viu as mesmas circunstâncias como uma oportunidade para recomeçar em algo novo. Como era de esperar, o homem que pulou do prédio não era uma pessoa feliz, mesmo quando tinha fortuna; ao passo que o homem que viu a oportunidade estava aproveitando a vida em todas as suas diversas circunstâncias.

Alguns argumentam: "Posso compreender como isso se aplica à maioria das circunstâncias, mas não a outras". As pessoas muitas vezes pensarão em casos extremos para provar que um princípio é inválido, em vez de simplesmente aplicar os princípios a circunstâncias em que sabem que são verdadeiros.

Descobri que, à medida que experimento os princípios em áreas das quais não duvido, minha compreensão se aprofunda. Duvido menos e vejo os princípios em áreas que antes não conseguia compreender. Essa é uma progressão que nunca termina.

Quando você é confrontado com circunstâncias que parece não conseguir compreender e acrescenta pensamentos negativos a elas, você tem duas coisas que o deixam infeliz: as circunstâncias e seus pensamentos negativos sobre elas. Seus pensamentos geralmente são muito piores do que as circunstâncias, e são eles que produzem os seus sentimentos.

Você pode perguntar: "Mas e se eu não estiver num estado de espírito que me permita ver as coisas sem julgamento? E se eu tiver pensamentos e sentimentos negativos sobre circunstâncias externas?".

A coisa mais útil é aceitar-se e ter compaixão por si mesmo como você é – sem julgamento. É claro que isso pode ser difícil porque, quando o seu estado mental vem do seu sistema de pensamento, é difícil ter compaixão até por si mesmo. É por isso que pode ser útil ficar quieto e esperar que tudo passe. O conhecimento dos quatro princípios pode ajudá-lo a fazer pelo menos isso. Saber que isso vai passar, mesmo quando você se sentir preso, é o primeiro passo para se libertar. A *compreensão* continua se aprofundando e a vida continua parecendo mais bonita.

Aproveitando o que É enquanto É

Você já olhou para uma época da sua vida e pensou: "Eu era muito feliz naquele tempo. Pena que não apreciei isso na época?". Você conhece outras pessoas que pensaram que suas circunstâncias eram uma tragédia, mas depois as consideraram a melhor coisa que já lhes aconteceu? Esses são exemplos da perfeição em todas as coisas.

Quando você *compreende* os princípios, a beleza da vida é profunda. O que parecia comum ou insignificante é visto com apreço e gratidão. Você ficará tão pleno de beleza, contentamento e das maravilhas da vida que não terá escolha a não ser ficar quieto e aproveitar. A chave para a felicidade é aproveitar o que existe.

Amor e compreensão

A maior chave de todas é o amor. Quando se sente amoroso, você vê beleza e bondade em tudo – ou pelo menos vê a perfeição de todas as coisas. Amor e *compreensão* são a mesma coisa. O amor sem compreensão é condicional (não é amor). Com *compreensão* é impossível julgar; com *compreensão* você tem compaixão; com *compreensão* você tem paz de espírito e contentamento; com *compreensão* você tem amor.

Lembre-se de que a *compreensão* não tem a ver com *deveres*. Suponha que você não se sinta amoroso. Sem problemas. Você sente o que sente com base no seu nível atual de compreensão. *Cobrar-se* só piora as coisas. A *compreensão* geralmente muda o que você sente, mas, se tentar mudar isso por meio das *cobranças*, você bloqueia a *compreensão*.

A chave para a felicidade é ouvir a sua sabedoria interior até que a *compreensão* ultrapasse o seu sistema de pensamento.

Felicidade e serenidade

O que poderia ser mais importante do que felicidade e serenidade? Quando a felicidade é o que você deseja, não faz sentido alimentar pensamentos que levam a qualquer outra direção.

Você consegue imaginar a maravilhosa revolução que ocorrerá quando todos começarmos a descartar os muitos pensamentos que criam tanta miséria? Essa chave para a felicidade é simples. Deixe de lado os pensamentos negativos e você terá felicidade e serenidade.

Um homem é o que ele pensa. De quais pensamentos você está disposto a abrir mão por sua felicidade?

ÍNDICE REMISSIVO

A

Aceitação 66, 122
Acessar seu coração 5
Ações 29
Adler, Alfred 140
Admiração 82
Adolescência 110
Adolescente 54, 55
Afirmações 37
Ajudando outras pessoas de mau
      humor 56
Álcool 11
Alcoolismo 133
Alegria 1, 2, 5, 8, 10-16, 80, 88
  e serenidade 14, 15, 28, 78
  interior 7
Alma 1, 17, 52, 68, 69, 87
Amar sua criança ferida 75
Amigos 118
Amor 1, 23-33, 45, 60, 116, 122, 144
  incondicional 126
  -próprio incondicional 67, 68
Animais 118
Ansiedade 1, 11, 22, 64
Antidepressivos 11

Apego 34
Apreço 126, 143
Aprendizado 44, 79
Armadilha do redemoinho 83
Armstrong, Louis 4
Ataques de pânico 45
Atenção 17, 71
Atitude 62, 63
Ausência de pensamentos 93,
Autoestima 94
  do sistema de pensamento 95
Autoimportância 111
Autolavagem cerebral 78

B

Batalha entre o amor e o ego 142
Belas palavras de sabedoria 9
Beleza 60
  da vida 143
Biofeedback 107
Birras 75
Bloqueios 92
Boas intenções 102
Bom
  humor 49
  senso 30

Bons sentimentos 97
  incondicionais 29
  inerentes 2, 31
  naturais 19
Bugs 20
Busca pela felicidade 8
Bússola 29, 137
  de sentimentos 32, 35, 47, 59
  pessoal 29

C

Caminhada 87
Capacidade
  de amar incondicionalmente 130
  de pensar 27
  de raciocínio 18
Caridade 33
Carinho 134
Celebração 63
Cérebro 19, 20, 21, 107, 108
  como um computador 20
Certo ou errado 26
Céu ou inferno: depende de você 63
Chave para a felicidade 136, 143
Chefes 118
Ciclo 4
Círculos 8
Circunstâncias 60, 138
Ciúme 134
Colegas 118
Compaixão 1, 10, 45, 58, 60, 72, 77,
    108, 109, 122, 140
  e serenidade 16
Companhia 77
Compatibilidade 130
Complexo de inferioridade 95
Comportamento(s) 43
  inocentes 121
  positivos 111
Compreensão 1, 3-5, 13, 17, 26, 27, 36,
    40, 49, 52, 65, 79, 109, 144
  dos quatro princípios 14, 85, 124

Comunicação 130
Condição humana 7, 29
Conhecimento 8, 13
Cônjuges 118
Consciência 20, 35, 36, 48, 74
  convida à mudança 28
  dos pensamentos 50
  Universal 20
Conselhos espirituais 57
Consenso popular 107
Contentamento 15
Conto de fadas 100
Controle 15, 33
Coração 1, 4, 20, 21, 31, 38, 44, 52, 77,
    84, 87, 116
  e alma 32
Corpo 71
Corrente de alegria 12
Crenças 12, 22, 29, 63, 73, 74, 106, 136
  equivocadas 23
  e realidades 140
  preocupantes 93
  programadas 91
  sólidas 2
  transmitidas 22
Crescimento 44
Criança 67, 75
  ferida 42, 75
Criatividade 15
Culpa 25, 136
Cultura 23, 44
Cura 14
  de crenças do passado 73

D

Decepção 22
Decisões 23, 74, 96, 97
  do passado 107
Depressão 11, 64
Desapontamento 11, 38
Desaprovação 73
Desejo 33

natural do espírito humano 16
Desvios 13, 105, 117
Diferenças 42
  entre gerações 43
  entre humanos e computadores 22
Dinheiro 38
Direção de pensamentos 17
Disciplina 33
  Positiva 77
Discussão 131
Diversão 34, 125
Doação 33
Doenças 62
Drogas ilegais 11

E

Ego 10-19, 25, 31, 52, 91, 111, 134, 142
Egoísmo 101
Einstein, Albert 20, 24, 50
Emoções 82
  estressantes 43
Empatia 118
Energia calmante 88
Ensino 33
Equilíbrio 4
Erros 81, 82
Escuta 125
  reflexiva 56
Espírito 96
Essência do amor 123
Estado
  de clareza 52
  de espírito 49, 50, 99, 138
  de felicidade 130
  de pensamento 27
  de ser 16
  mental 1, 16, 95
Estagnação 26
Estereotipar 113
Estresse 1, 11, 22, 38, 64, 103, 136
Evitando a armadilha do redemoinho
  83

Evolução 44
Exercício 89
Existência 10
Expectativas 25, 36, 92, 119, 139
Experiências 3, 23, 27

F

Falhas 128
Falsas percepções 115
Falta
  da beleza da vida 105
  de amor-próprio 67
  de consciência 92
  de consideração 41
Fama 38
Família 55, 59, 89
Felicidade 1, 9, 36, 59, 60, 72, 73, 98,
  100, 136
  e serenidade 144
  interior 48, 84
Filhos 55, 118
Fonte espiritual 74
Fora dos trilhos 31
Força 33
Fracasso 22, 30, 65
Fraquezas 43
Funcionamento psicológico 14
Funcionários 118

G

Gratidão 1, 2, 5, 16, 23, 56, 60, 77, 80,
  122, 126, 139-143
  por tudo 93
Gravidade dos erros 82
Guerras internas 26

H

Habilidades 18
  eficazes de enfrentamento 12
  racionais 3
Hawkins, David 24

Histórias de pessoas 91
Humildade 93
Humor 43, 48, 70, 122, 138
  elevado ou baixo 52
  fisiológico 49

I

Ilusão(ões) 3, 18, 31, 36, 60, 81
  dos outros 134
  falsa 35
Infância 120
Infelicidade 38, 61, 98
Insatisfação 11
Insegurança 25, 60-64, 87, 110, 134,
    142
Insight 3, 4, 50, 52, 72, 77
Inspiração 3, 98
Inteligência 74
Interpretações 63

J

Jornada 68
Julgamentos 1, 10, 25, 26, 36, 92, 139
  autodestrutivos 92
  dos outros 113
  justos 112

L

Lei(s)
  da Atração 16, 33, 63
  naturais 83
Lição de vida 13, 51
Limitações da mente 3
Lógica particular 39
Luto 65

M

Maldades 96
Mapa do tesouro 7, 12
Maturidade 74
Mau humor 48, 56, 76, 125

Mecanismos de defesa (crenças) 74
Meditação 34, 69, 86, 87
  nas tarefas diárias 88
  para encontrar sua alma 68
Medo(s) 11, 80, 95, 134
  da inadequação 135
  da serenidade 15
Mensagem(ns) 90
  de seu coração 21
  espirituais em todos os lugares 90
  negativas 78
Mente(s) 8, 91
  infantis 42
Mito(s)
  nº 1: o amor é cego 127
  nº 2: é importante ser compatível
    129
  nº 3: é importante falar sobre
    problemas 130
  nº 4: nunca vá dormir antes de
    resolver uma discussão 131
  nº 5: um relacionamento sem brigas é
    superficial ou unilateral 132
  nº 6: você ficará feliz quando as
    circunstâncias mudarem 133
  nº 7: o ciúme é um sinal de carinho
    134
  nº 8: você deve ter um
    relacionamento 127, 135
Morte 83
Mudança 28, 74

N

Natureza 87, 88
  da alma 16
Negatividade 126
Níveis
  de consciência 48, 49
  de humor 48, 138

O

Objetivos do coração 103

Índice Remissivo

Ócio é a oficina do diabo 98
Ódio 46
Olhar no espelho 72
Opinião popular 94
Oportunidade 76
  de descobrir algo novo 13
O que você pensa é o que você recebe
  24
Orgulho 25
Orientação interior 12
Origem dos sentimentos 29
Ouvindo com o coração 1, 6

P

Pais 118
  e filhos 43
Paixões 37
Palavras 5
Palpite 9
Parceiro 119
Passado 73, 107
Paz 8, 15, 18
  de espírito 14, 60, 126, 130
Pena 62
Pensamento(s) 58, 63, 64
  como uma função 18, 137
  convencional 94
  de distância 138
  e humores relacionados aos
    relacionamentos 122
  ilusórios 136
  malucos 45
  negativos 19, 59, 69
  positivo 33
  tolos 46
Percepções 23, 74
Perda 17
Perdão 5, 23, 33, 60, 103, 108, 109, 141
Perspectiva 24, 52, 72
Pontos de vista 41
Prazer 34
Preferência 26

Presente 93
Presunção 46
Princípio(s) 96
  das Realidades Distintas 39
  do Pensamento como uma Função
    18
  dos Níveis de Humor ou Níveis de
    Consciência 48
  dos Sentimentos como uma Bússola
    29
Prisões
  da percepção 114
  infernais 37
Processo
  de aprendizado 67
  de *Insight* do Espelho 52, 69, 72
Procurando ajuda 75
Produtividade 15, 16, 85
  da inspiração 98
Programação negativa 21, 37
Progresso 44, 83
Projeto de vida 74
Pseudossucesso 22
Punição 73

Q

Quadro da Bússola de Sentimentos 32
Quanto tempo leva para compreender?
  79
Quatro
  estados de pensamento 27
  princípios 1, 5, 137
Questão de julgamento 48
Quietude 85

R

Raciocínio 18
Raiva 1, 11, 15, 25, 71, 73, 105
Razão 47
Realidade(s) 41, 127, 140
  distintas 39, 40, 108, 119, 138
  separadas 3

Realizações 68
Rebeldia 31
Reconhecimento 96
Regras 95
Rejeição 121
Relacionamentos 39, 118, 127
Respeito 45
Responsabilidade 32
  pessoal 123
Reunião de família 55
Risada 55
Riso 55
Dreikurs, Rudolf 122

S

Sabedoria 1, 2, 8, 15, 24, 25, 35, 74
  interior 3, 6, 12, 20, 30-35, 44, 134
Sanidade 31
Satisfação 79
Segurança 76
Sem julgamento 142
Sentimentos 63
  como uma bússola 137
  de gratidão e apreço por tudo 126
  feridos 42
  inspirados 10
  naturais 1, 6
  negativos 35
  positivos são bons 36
Serenidade, significado 15
Serviço 101
Silêncio 51
Simplicidade 116
Sinta-se maravilhado por ser quem
  você é 67
Sistema(s)
  de crenças dos outros 110
  de pensamento 1, 32
  de pensamento programado 2, 6, 19,
    22, 66
  imunológico 71
Sociedade 2, 81

Sofrimento 66
Software 20
  pessoal (sistema de pensamento
    programado) 22
Soluções 57
Sossego 14
Subconsciente 30
Sucesso 22, 38
Sugestões 104

T

Tarefas diárias 88
Tecnologia 21
Tédio 11
Televisão 99
Tempo 79
Tradições 44
Tranquilidade 92
Tratamento(s)
  do silêncio 51
  injustos 97
Tristeza 65
Tudo que merece ser feito, merece ser
  bem-feito 104

U

Uma pessoa sem objetivos é como um
  navio sem leme 103
Universo 34

V

Valor 8
  próprio 110
Vendo as lições ou presentes 72
Verdade 25, 36
Verdadeiro amor 36
Viciados em aprovação 111
Vida 6, 8
Vingança 37
Visão
  da vida 25

do mundo 3
maravilhosa 53
Vislumbres 80

Visualização e afirmações 37
Vivências 74
Viver a favor ou contra alguém 114

ANOTAÇÕES

ANOTAÇÕES